### ❸ 스스로 활동해 보세요

이 시리즈는 단지 지식을 전달하기 위한 교양서가 아니에요. 어린이 여러분이 교과서로 수업 시간에 배운 내용을 실제 현장에서 직접 체험하며 익힐 수 있도록 다양한 활동 내용을 담았지요. 책 중간이나 뒷부분에 이해를 돕기 위한 활동이 있으니 꼭 스스로 정리해 보세요.

### ❹ 견학 후 활동이 다양해요

체험학습 후에는 반드시 견학 후 여러 가지 활동을 해 보세요. 보고서 쓰기, 신문 만들기, 그림 그리기 등을 통해 체험학습에서 보고 들은 내용을 다시 한번 정리하면 알찬 체험학습이 될 거예요.

## 신나는 교과 체험학습 48

# 사비 시대 백제인의 숨결을 느낄 수 있는 곳 국립부여박물관

초판 1쇄 발행 | 2008. 12. 27.
개정 3판 4쇄 발행 | 2023. 11. 10.

글 김종만 | 그림 김명곤

발행처 김영사 | 발행인 고세규
등록번호 제 406-2003-036호 | 등록일자 1979. 5. 17.
주소 경기도 파주시 문발로 197(우10881)
전화 마케팅부 031-955-3100 | 편집부 031-955-3113~20 | 팩스 031-955-3111
사진 국립부여박물관 사계절출판사

값은 표지에 있습니다.
ISBN 978-89-349-9662-0  64000
ISBN 978-89-349-8306-4 (세트)

좋은 독자가 좋은 책을 만듭니다. 김영사는 독자 여러분의 의견에 항상 귀 기울이고 있습니다.
전자우편 book@gimmyoung.com | 홈페이지 www.gimmyoungjr.com

**어린이제품 안전특별법에 의한 표시사항**

제품명 도서  제조년월일 2023년 11월 10일  제조사명 김영사  주소 10881 경기도 파주시 문발로 197
전화번호 031-955-3100  제조국명 대한민국  ⚠주의 책 모서리에 찍히거나 책장에 베이지 않게 조심하세요.

사비 시대 백제인의 숨결을 느낄 수 있는 곳

# 국립부여
# 박물관

글 김종만  그림 김명곤

주니어김영사

# 차례

# 국립부여박물관에 가기 전에

## 미리 준비하세요

### 1. 준비물

《국립부여박물관》 책,
수첩과 연필, 사진기

## 미리 알아 두세요

| | |
|---|---|
| 관람 시간 | 오전 9시 ~ 오후 6시 |
| | 토·일, 공휴일은 오전 9시 ~ 오후 6시 |
| | 4월 ~ 10월 매주 토요일은 야간 관람 실시(오후 9시까지) |
| 쉬는 날 | 1월 1일, 매주 월요일, 설날 및 추석 당일 |
| 관람료 | 무료 |
| 문의 | 041)833-8562~3 |
| 주소 | 충청남도 부여군 부여읍 금성로 5 |
| 홈페이지 | http://buyeo.museum.go.kr |

## 가는 방법

버스 : 서울남부터미널 → 부여시외버스터미널
자동차 : 서울 → 경부고속도로 → 논산천안고속도로 → 서공주IC → 서천공주선
         → 국립부여박물관

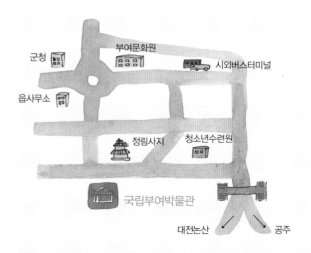

# 국립부여박물관은요……

국립부여박물관은 사비 시대(538~660년) 백제의 수도였던 부여에 있어요.

충청남도 서부 지역 백제 문화의 우수성과 독창성을 보존하고 연구하고 있어요.

국립부여박물관은 1929년 부여고적보존회에서 출발했어요. 1939년 조선총독부 박물관 부여분관을 거쳐 1945년 국립박물관 부여분관으로 이름이 바뀌었어요.

그 뒤 1971년 부소산 남쪽에 처음 박물관을 개관하고, 1975년 국립부여박물관으로 승격되었답니다. 그리고 1993년에 지금의 박물관으로 새롭게 문을 열었어요.

국립부여박물관은 4개의 상설전시실과 야외전시실, 보존과학관, 문화사랑방으로 이루어져 있어요. 그리고 국보 3점, 보물 6점을 비롯하여 총 19,000여 점의 유물을 소장하고 있으며, 이 가운데 11,000여 점이 백제 유물이에요. 특히 백제 문화재를 주제로 한 체험 행사를 열고 있어 관람객들이 많이 찾는 문화 공간이 되고 있어요.

자, 어떤 유물들이 우리를 기다리고 있을까?

국립부여박물관에는 사비 시대의 백제 유물들이 많이 있다고.

# 한눈에 보는 국립부여박물관

국립부여박물관이 자리하고 있는 부여는 538년 백제 성왕이 도읍을 부여로 옮긴 뒤부터 660년 백제가 멸망할 때까지 백제의 도읍지였던 곳이에요. 그 당시 부여의 이름은 '사비'였어요. 그래서 국립부여박물관에는 백제 시대 중 사비 시대의 유물들이 많답니다. 우아한 자태를 뽐내는 백제 유물들을 한눈에 볼 수 있어요. 사비 시대 백제 사람들이 남긴 백제 유물들은 무엇이 있을까요? 그럼, 지금부터 우아한 자태를 뽐내고 있는 백제의 유물들을 만나러 가요.

**제2전시실**

백제의 사비 시대 유물들이 전시되어 있어요. 이곳의 유물들은 글씨, 도량형, 무기, 금속 공예품 등이 있어요. 특히 백제금동대향로가 우아한 자태를 드러내고 있지요.

**제1전시실**

청동기 시대, 초기철기 시대, 원삼국 시대의 유물들이 전시되어 있어요. 반달돌칼과 각종 토기 등의 유물을 보면서 백제가 세워지기 전, 그 지역에서 살았던 사람들의 생활을 상상해 보세요.

**제3전시실**

불교 조각, 국제 교류가 있었음을 알 수 있는 유물, 각
종 건축에 쓰였던 기와, 토기, 몸을 장식했던 꾸미개 등
이 있어요. 이를 통해 백제 사람들의 예술 세계를 짐작
해 볼 수 있어요.

**기증유물실**

박만식 교수가 기증한 백제의 각종 그릇
들이 전시되어 있어요. 갖가지 모양의 백
제 토기들을 볼 수 있지요.

# 제1전시실
# 청동기 시대와 송국리 사람들

금강이 흐르고 서해와 만나고 있는 충청남도에서는 많은 선사 유적이 발견되었어요. 그래서 선사 문화를 연구하는 데 아주 중요한 곳이에요. 이 지역에서는 구석기 시대부터 인류가 뗀석기와 뼈연모로 사냥과 채집 생활을 하며 동굴 등에서 살아 왔어요. 신석기 시대가 되면서 사람들은 토기와 간석기를 만들고 고기잡이, 채집, 사냥 등을 하며 강가나 바닷가에 움집을 짓고 살았어요.

기원전 10세기경 한반도에는 농경 생활을 바탕으로 하는 새로운 청동기 문화가 시작되었어요. 청동기 시대의 사람들은 민무늬 토기를 비롯한 다양한 간석기와 각종 청

동기를 사용했지요. 이 시기의 집터는 움집 중앙에 타원 모양의 구덩이가 있는 송국리형 집터가 대부분이었어요. 무덤에서는 한국식동검을 비롯한 각종 청동의기류와 장식 구슬, 검은간 토기, 덧띠토기가 나왔지요.

이 지역에서는 중국 요령 지역의 문화와 한강 유역의 문화를 받아들여 독특한 청동기 문화를 형성했어요. 그리고 남부 지방과 일본에까지 영향을 주었지요. 이처럼 일찍이 다양한 선사 문화를 받아들여 주변 지역의 청동기 문화에도 많은 영향을 주었어요.

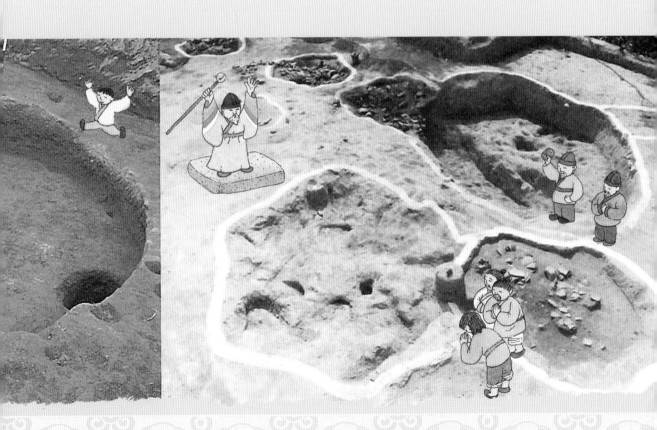

# 청동기 시대, 부여 송국리

**선사취락지**
선사 시대의 집터 유적이에
요.

**청동기 시대**
무기나 각종 생산 도구들을
청동으로 만들어 사용하던
시대예요.

**움집**
땅을 20~100센티미터 깊이
로 파고 그 위에 지붕을 덮어
만든 집이에요. 움집 안에서
는 음식물을 만들어 먹거나
식기를 만들던 장소노 발견
되었어요.

제1전시실에 들어서면 가장 먼저 청동기 시대 마을 유적 모형을 볼 수 있어요. 바로 송국리 선사취락지라고 부르는 곳이지요. 이곳에는 백제가 세워지기 전 충청남도 송국리에서 살았던 사람들의 흔적이 남아 있어요. 그래서 부여 송국리 사람들의 생활을 엿볼 수 있는 곳이지요.

부여 송국리 유적은 지금으로부터 2천5백여 년 전 청동기 시대 사람들이 농사를 지으며 공동체 생활을 했던 마을이에요. 이 마을 유적은 야트막한 언덕에 자리하고 있었어요. 마을 둘레에는 나무울타리를 치고 울타리 건너에는 물이 흐르는 도랑을 내 함부로 침입할 수 없게 만들었지요. 사람들은 모두 움집에서 살았어요. 처음엔 네모지게 짓다가 점점 둥근 모양으로 지었어요. 그리고 마을 한 곳엔 높은 망루를 세워 적이 침입하는 걸 감시했어요. 또 청동기나 토기를 만드는 공방도 있었어요.

**부여 송국리 마을 생활 모습**

네모 집터

둥근 집터

송국리 유적에서는 무덤도 발견되었어요. 마을 사람들은 집과 멀지 않은 곳에 무덤을 만들었어요. 무덤 형태는 주로 돌널무덤이나 독무덤이었어요.

돌널무덤은 잘 다듬은 넓은 돌로 널을 만들고 그 안에 주검과 **껴묻거리**를 넣고 뚜껑돌을 덮은 거예요. 주로 신분이 높은 사람의 무덤이었어요.

🟢 **껴묻거리**
죽은 사람을 매장할 때 함께 묻는 물건이에요.

독무덤은 독널보다 약간 넓게 땅을 파고 독널을 묻은 뒤 돌뚜껑을 덮은 거예요. 독널은 실생활에서 사용하는 토기 바닥에 구멍만 뚫어 사용했어요. 크기로 보아 주로 몸집이 작은 어린이 무덤으로 쓰거나 뼈만 모아 넣었던 것으로 보여요.

그럼, 이 지역에서 어떤 유물들이 발견되었는지 알아볼까요?

돌널무덤

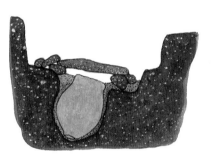
독무덤 단면

독널

독널 아랫 부분에 뚫려 있는 구멍

# 청동으로 만들었어요

충청남도 지역에서는 금강 유역을 중심으로 청동기 유물이 많이 발견되었어요. 그중 부여 송국리 돌널무덤에서 발견된 요령식동검이 가장 빠른 시기의 청동기 유물이에요. 이것은 중국 요령 지역에서 유행했던 청동기예요. 이 무렵의 한국식동검들은 요령식동검의 영향을 받아 만들어졌어요.

한국식동검 문화는 성립기, 발전기, 쇠퇴기가 있는데, 충청남도 유적에서 출토된 유물만 보아도 모든 과정을 확인할 수 있답니다. 한국식동검의 성립기 유물은 예산 동서리유적에서 발견된 것이 대표적이에요. 한국식동검과 거친무늬거울, 대쪽 모양, 나팔 모양의 청동기가 있어요. 발전기의 동검은 부여 구봉리유적에서 많이 발견되었어요. 요령식동검 문화의 영향에서 벗어나 **주조** 기술이 발전하면서 청동투겁창과 청동꺾창, 잔무늬거울 등을 볼 수 있어요. 동검의 쇠퇴기 유물은 부여 합송리유적에서 상당수 발견되었어요. 중국 철기 문화의 영향으로 **초기철기 시대**를 열면서 청동기와 쇠로 만든 물건들이 눈에

**주조**
금속을 녹여서 물건을 만드는 것이에요.

**초기철기 시대**
쇠로 각종 그릇이나 기구를 만들어 쓰던 시대예요.

**부여 합송리유적**
청동기, 유리대롱옥, 쇠도끼와 쇠끌 등의 유물이 출토되었어요.

**한국식동검과 요령식동검**
한국식동검은 검의 몸이 직선이고 마디가 뚜렷해요. 요령식동검은 검의 몸과 자루를 연결하여 사용해요.

**대쪽모양동기 손 확대**

**대쪽모양동기**
대나무의 두 마디를 세로로 쪼개 놓은 모양이에요. 윗부분에는 사람 손 모양이 새겨져 있어요. 제사장의 물건으로 짐작하고 있어요.

띄어요. 이 시기의 청동기 문화는 일본으로 건너가 야요이 시대의 청동기 문화를 싹 틔우는 데 많은 영향을 주었어요.

## 청동기는 어떻게 만들까?

청동기를 만들기 위해서는 **거푸집**이 필요해요. 거푸집은 쇳물을 부어서 만드는 물건의 틀로, 돌이나 흙으로 만들지요. 우리나라에서는 모양과 무늬를 조각하기 쉬운 **곱돌**을 주로 이용했어요.

일반적으로 청동기는 대칭되는 모양으로 조각한 거푸집 2개를 맞붙이고 그 속에 액체 상태로 녹인 **청동**을 부어 만들어요. 속이 빈 청동기는 흙으로 안 틀을 만들어서 바깥 틀과 연결하여 고정하지요.

하지만 무늬가 섬세하거나 모양이 복잡한 청동기는 밀랍으로 된 토제 거푸집을 사용해 만들었어요. 토제 거푸집은 밀랍에 송진을 녹여 섞어 모양을 만들고 그 위에 고운 흙을 발라 말린 뒤, 불에 구워서 밀랍을 녹여 내어 완성해요.

### 야요이 시대

이 말은 1900년대에 발굴된 일본 도쿄 야요이 유적에서 유래했어요. 수렵 채집을 주생업으로 하였던 죠몽 시대 다음에 농사를 짓고 금속기를 사용했던 때예요. 이 시기 생활상, 무덤과 제사 등 많은 부분이 우리나라의 청동기 시대 후기에서 원삼국 시대의 문화와 매우 비슷해요. 그래서 양 나라의 문화 교류가 이른 시기부터 있었음을 알 수 있어요.

**거푸집**
청동기를 만드는 데 필요한 틀이에요.

**곱돌**
반짝이고 촉감이 부드러운 돌로 단단하지 않아서 거푸집을 만들 때 주로 써요.

**청동**
구리가 주성분이며 아연 납 등이 들어 있어요.

**나팔모양동기**
원뿔꼴 받침에 긴 기둥을 세운 청동기예요. 중국 요녕 지방에서도 비슷한 동기가 발견되었어요.

**청동투겁창과 청동꺾창**
청동투겁창은 자루를 끼워 쓰는 창이에요. 청동꺾창은 찍거나 베는 데 사용한 무기로 긴 자루를 옆으로 직각이 되게 끼워 사용해요.

**거친무늬거울과 잔무늬거울**
거친무늬거울은 뒷면에 세모꼴의 톱니무늬 장식이 있는 청동 거울로 잔무늬거울보다 앞선 시기의 유물이에요. 잔무늬거울은 뒷면에 세모, 네모, 둥근 무늬 등의 가는 선이 새겨진 청동 거울이에요.

# 돌로 도구를 만들었어요

내년에도 올해처럼 농사가 잘되었으면 좋겠어.

**돌칼로 벼를 수확하는 모습**
삼각형돌칼이나 반달돌칼에는 구멍이 있어요. 이 구멍에 끈을
매달아 손에 고정한 뒤 벼이삭을 끊어서 수확해요.

청동기 시대라고 해서 모든 것을 청동으로 만들어 썼던 것은 아니에요. 그렇다면 이 시기에는 어떤 물건들을 사용했는지 박물관의 유물들을 살펴보아요. 저기 반달처럼 생긴 것은 무엇일까요? 바로 돌칼이에요. 돌칼은 반달 모양과 삼각형 모양이 있어요. 반달돌칼은 청동기 시대 사람들이 곡식의 낟알을 거둘 때 사용한 거예요. 중국 요하 유역의 신석기 문화인 앙싸오 문화기에 처음 나타났어요. 한반도에는 청동기 시대에 널리 사용되었어요. 우리나라 농업의 역사를 연구하는 데 매우 귀중한 유물이지요.

부여 송국리 청동기 시대 마을에서는 벼농사를 지었음을 짐작할 수 있는 유물이 발견되었어요. 바로 탄화미예요. 탄화미는 벼가 불에 타

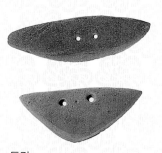

**돌칼**
반달 모양이에요. 곡식을 수확하
거나 베는 데 사용했어요. 둥근
모양, 삼각형 모양이 있어요.

**탄화미**
우리나라의 각 유적에서는 탄화미가 발견되었
어요.

**돌살촉**
돌로 만든 화살로 동물을 잡거
나 부족들끼리 전쟁을 할 때 사
용했어요.

거나 또는 다른 화학적 변화에 의하여 탄소된 것을 말해요. 송국리 청동기 시대 사람들은 반달돌칼보다는 삼각형돌칼을 이용하여 벼를 수확했어요. 삼각형돌칼은 삼각형 돌판의 가장자리를 갈아서 날을 세워 만들었어요.

청동기 시대에는 그 외에도 돌을 갈아서 만든 간석기를 일상생활에서 다양하게 사용했어요. 농경 생활이 발달하면서 여러 가지 농기구들도 돌로 만들어 쓴 것이에요. 이때 만들었던 농기구로는 돌칼, 돌낫, 괭이, 가래, 갈돌, 갈판 등이 있어요. 그리고 공구는 돌도끼, 홈자귀, 대팻날, 끌 등이 있답니다. 또 돌검, 돌살촉, 돌창, 바퀴날 도끼와 톱니날 도끼 같은 무기도 만들었어요. 그리고 그물추, 가락바퀴, 바늘 등도 있어요. 이런 유물을 통해 당시의 다양한 생활상을 엿볼 수 있어요.

이 당시의 석기는 시기와 지역에 따라 많은 변화가 있었어요. 부여 송국리에서는 당시 여러 나라에서 유행했던 석기들을 우리나라의 실정에 맞추어 발전시켰어요. 그리고 이 석기들은 벼농사와 함께 일본에 전해지기도 했어요. 하지만 석기들은 청동기 · 철기 등 금속 문화가 들어오면서 점차 사라져 갔어요.

돌을 갈아서 원하는 모양으로 다듬으면 각종 기구로 쓸 수 있어요.

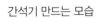
간석기 만드는 모습

**돌검**
돌로 만든 칼로 전쟁 때 무기로 사용했어요.

**홈자귀와 돌낫**
홈자귀는 밭을 갈 때 썼고, 낫은 곡식이나 잡초를 베거나 이삭을 자르는 데 사용했어요. 새부리 모양 또는 초승달 모양으로 둥글게 휘었으며 안쪽이 날이에요.

**가락바퀴**
실을 뽑을 때 사용하는 도구 가운데 하나예요. 가운데 둥근 구멍에 막대를 넣고 그 축을 돌려서 실을 꼬아서 뽑았어요.

# 흙으로 그릇을 만들었어요

● **빗살무늬 토기**
표면에 빗살 같은 줄이 새겨
지거나 그어져 있는 신석기
시대의 토기예요.

● **덧무늬 토기**
그릇의 표면을 약간 돋아 나
오게 띠 모양으로 흙을 덧붙
여 무늬를 만든 토기예요.

청동기 시대의 사람들은 어떤 그릇을 썼을까요? 신석기 시대와 마찬가지로 청동기 시대에도 흙으로 만든 그릇인 토기를 사용했어요. 빗살무늬 토기나 덧무늬 토기는 신석기 시대에 유행했어요. 하지만 청동기 시대에 접어들자 사람들은 아무런 무늬도 없는 민무늬 토기를 사용하기 시작했어요. 당시 청동기는 아주 귀한 것이었어요. 원료인 청동이 귀해서 청동기는 귀족들이나 사용했고, 일반 서민들은 토기를 썼어요.

이제 청동기 시대의 토기들을 살펴볼까요? 당시 충청남도 지역의 대표적인 토기는 송국리형 토기와 검은간 토기였어요. 송국리형 토기는 평평한 바닥의 작은 굽과 계란 모양으로 부푼 몸체, 그리고 밖으로 바라진 아가리가 특징이에요. 그릇 크기는 다양하지만 대부분 20~40센티미터 정도였어요. 송국리형 토기는 금강 유역에서 만들어지기 시작해 우리나라의 서남부 지역으로 퍼져 나

토기 만드는 모습

송국리형 토기

검은간 토기

**여기서 잠깐!** 다음 사진의 유물들은 청동기 시대의 유물들이에요.

사진과 유물 이름을 알맞게 연결해 보세요.

가락바퀴        삼각형돌칼        검은간 토기        한국식동검

정답은 56쪽에

갔는데, 특히 부여 송국리 유적에서 많이 출토되었어요.

검은간 토기는 겉면에 흑연이나 망간을 비롯한 광물질을 바르고 문질러서 검은 빛깔이 나요. 모양은 둥근 몸통에 긴 목이 달린 목항아리가 많아요. 주로 무덤에서 발견되지만 생활 유적에서도 많이 발견되지요. 그런데 당시 동아시아 지역의 청동기 시대에는 주로 여자들이 토기를 빚었어요. 여자들의 손놀림이 좀 더 섬세했기 때문이지요.

🔵 **아가리**
항아리의 주둥이에요.

🔵 **금강 유역**
충청남도 아산, 예산, 부여, 논산, 대전 등의 지역을 말해요.

🔵 **동아시아**
한국, 중국, 일본 등을 한데 묶어 부르는 이름이에요.

민무늬 토기

**토기를 만들 때 어떤 도구를 쓸까요?**
토기를 만들 때는 여러 가지 도구가 필요하지요. 토기의 몸통을 쉽게 말아 올릴 수 있도록 물레를 사용하여 토기의 균형을 잡아 주지요. 그리고 모루와 박자를 이용하여 토기 벽을 두드려요. 이렇게 하면 흙 속에 있는 공기 방울이 없어져서 토기가 단단해지고 겉에 무늬가 남아 아름다운 토기가 완성된답니다.

15

# 산에서 제사를 지냈어요

청동기 시대 때부터 산 정상에서 제사를 지내는 풍습이 생겨났어요. 마을 사람들이 산꼭대기에 모여 제사를 지냈는데 이 풍습은 초기철기 시대를 거쳐 **원삼국 시대**, 백제 시대까지 이어졌지요. 이 제사 흔적이 부여의 논치산성에서 발견되었어요. 그래서 이 유적의 이름을 논치제사유적이라고 해요. 논치 산성의 제사유적은 원삼국 시대에서 백제 시대에 걸쳐 만들어진 유적으로 해발 약 76미터의 산 꼭대기에 위치해 있어요. 위에 올라서면 아래로 넓은 평야 지대가 훤히 내려다보이는 곳이지요.

동북에서 서남 방향으로 길게 형성되어 있는 논치제사유적에서는 많은 구덩이가 확인되었어요. 이 구덩이에서는 다양한 토기와 곡식을 비롯하여 철로 만든 도구와 돌로 만든 도구도 발견되었어요. 이 유적은 농사를 지은 것을 거둬들이는 추수 때 하늘에 제사를 지내는 풍습이나 마을 신앙과 깊은 관련이 있어요. 그런데 특이한 점은 이곳에

산 정상에서 제사를 지내며 토기를 깨는 사람들

16

서 깨진 토기가 많이 발견되었다는 거예요. 이는 제사를 지낼 때 사악한 기운을 물리치려고 곡식을 담은 토기를 깨드린 흔적이랍니다. 토기는 대부분 조각난 상태로 발견되었지요. 항아리, 바리, 손잡이 달린 시루, 남자 성기 모양 토기편 등 종류가 매우 다양했어요. 그중 성기 모양 토기편은 아이를 많이 낳고 싶어했던 다산 사상이 담긴 중요한 유물이지요.

논치제사 유적터

깨진 토기 외에도 이 유적에서는 많은 유물이 나왔어요. 철기로 만든 농기구류를 비롯해 쌀·팥·조 같은 불탄 곡식이 토기 조각과 뒤섞인 상태로 발견되었어요. 이 당시의 사람들이 농사를 잘 짓게 해달라고 농경신에게 빌었을 것으로 보이는 점이지요.

저기가 바로 논치 제사 유적터란다.

와! 이곳에서 제사를 지내면서 토기를 깼구나.

논치제사유적 토기류

논치제사유적 철기류

17

# 제2전시실
## 백제 사람들의 생활

제2전시실에서는 백제 시대의 문자, 토기, 도량형, 전쟁에 쓰인 무기, 금속 공예품 등 다양한 문화를 감상할 수 있어요. 특히 우아하고 섬세한 백제금동대향로가 전시되어 있어요. 향로에 새겨진 아름다운 무늬들에는 당시 백제 사람들의 생각이 담겨 있지요.

부여는 백제의 마지막 도읍지로, 옛날에는 '사비'라고 불렀어요. 백제의 첫 도읍지는 오늘날의 서울이지만 공주, 부여로 두 차례나 도읍지를 옮겼어요. 그래서 백제의 도읍지가 부여였던 538년부터 660년까지를 '사비 시대'라고 부르지요. 부여에는 금강(백마강)이 흐르며 남쪽 부분에 넓은 평야 지대가 있었어요. 그래서 이곳에 왕궁을 세웠

어요. 부여로 도읍지를 옮긴 뒤에도 백제는 이웃나라와 친밀한 외교 관계를 이어 나갔어요. 나아가 부여는 개방적이고 국제적인 도시로 발돋움했지요.

사비 시대는 백제의 독창적인 문화가 꽃을 피운 시기였어요. 그래서 부여 지역에는 백제의 생활 양식을 알 수 있는 여러 가지 유적과 유물이 많이 남아 있어요.

왕이 살았던 곳으로 추측되는 왕궁터, 왕족들이 묻혔던 능산리 고분, 정림사의 5층 석탑, 3천 궁녀의 전설이 깃든 낙화암, 왕이 배를 타고 놀았다는 궁남지 등이 있어요. 그리고 불교의 교리를 국가의 이념으로 삼은 불교와 관련된 유적, 즉 절터가 많이 남아 있어요. 이러한 문화는 일본에 전해져 아스카 문화의 밑바탕이 되었어요.

# 어떤 문자를 썼을까요?

문자는 말이나 소리를 눈으로 볼 수 있도록 만든 기호예요. 인류는 다양한 지식과 정보를 문자 기록으로 남겨 후대에 전달해 왔어요. 백제 시대에도 문자로 역사적 기록을 남기고 여러 가지 정보와 물건의 왕래를 기록했지요. 종이가 발명되지 않았던 당시에는 돌이나 금속, 토기, 기와, 나무 등에 문자를 남겼어요. 그럼, 백제 시대의 문자 유물은 무엇이 있는지 살펴볼까요?

쇠로 만든 판이나 비석 따위에 새겨진 글자를 금석문이라고 하는데, 백제 시대의 대표적인 금석문으로는 사택지적비와 백제창왕명석조사리감이 있어요. 이렇게 문자가 기록된 유물들은 당시의 정치적 상황이나 출토된 유물에 대한 정보를 알려 주는 중요한 자료예요. 또 당시의 글씨체, 글의 양식 등도 알 수 있지요.

사택지적비는 부여 부소산 남쪽에서 발견된 백제 시대의 비석이에

### 금석문

금석문은 당대 사람들이 직접 만든 기초적인 역사 자료예요. 따라서 그들의 생활이나 의식을 그대로 반영하고 있어요. 자료적인 가치가 대단히 높지요. 특히 문헌 사료가 부족한 고려 시대 이전의 문화를 복원하는 데 소중한 자료예요.

---

**여기서 잠깐!**

### 백제의 글씨를 보아요.

사택지적비에 쓰인 글은 알아보기 힘든 글자가 두 자 있어요. 아래 글을 잘 읽어 보고 내가 '지적'이라면 무엇이라고 했을지 써 보세요.

갑인년 정월 9일
내지성에 사는 사택지적은
몸이 날과 달로 늙어감을 한탄하여
금속을 다루어 금당을 세우고
옥을 다듬어 탑을 쌓았다.
높다란 금당의 자비로운 모양은 신성한 빛을
내뿜어 구름을 보내는 듯하고
우뚝한 탑의 자비로운 모습은 성스럽고 밝은
정기를 지니고 □□ 하는 듯하다.

(        )

**사택지적비**

절을 세운 이유와 인생의 무상함이 한 편의 시처럼 표현되어 있어요. 글의 주인공인 '사택지적'은 의자왕 때 일본으로 간 사신 '지적'으로 추측하고 있어요.

정답은 56쪽에

요. 잘 다듬어진 화강암에 원고지처럼 칸을 나누어 그 안에 글씨를 새겨 넣었어요. 각 행에는 세로로 14자씩 새겨져 있는데 오른쪽이 부서져 지금은 4행만 남아 있어요. 비석의 오른쪽 옆면에는 원 안에 봉황무늬를 새겨 붉은 칠을 한 흔적이 남아 있어요.

　백제창왕명석조사리감은 능산리 절터의 목탑이 있던 자리에 박혀 있던 **심초석** 위에서 발견되었어요. 감실 입구 양쪽에 각각 글씨가 10자씩 새겨져 있어요. '백제 창왕 13년에 공주가 사리를 공양했다.'는 내용이지요. 이것으로 보아 왕실의 기원사찰이었음을 짐작할 수 있어요. 이 외에도 백제 시대의 역사를 짐작해 볼 수 있는 내용이 새겨져 있는 유물로는 '상부·전부' 새김 표석, '정지원' 새김금동삼존불입상, 5부명을 새긴 기와, 글씨가 새겨진 목간과 벼루가 있어요. 이렇게 종이가 귀했던 당시에는 돌이나 기와, 나무 등에 글자를 새겨 후대에 당시의 상황을 알려 주고 있답니다.

**🔅 심초석**
건축물을 지탱하는 중앙 기둥의 주춧돌이에요. 보통 사찰 터에서 볼 수 있는데, 기둥자리라고 하여 크고 납작한 돌이 가로세로로 줄을 맞추어 군데군데 박혀 있어요.

**목간**
가늘고 긴 나무판에 글씨를 기록한 것으로 종이가 널리 쓰이기 전까지 문서 기록 등의 용도로 널리 사용되었어요.

**백제창왕명석조사리감**
화강암으로 만든 사리감이에요. 앞뒷면에 사리장엄구를 넣을 수 있는 감실이 있어요.

**벼루**
대부분 토기였으나 금속, 흙으로 만든 것도 있어요. 백제 시대에는 토제벼루가 가장 많았어요.

**5부명 기와**
백제는 상부, 중부, 하부, 전부, 후부의 5부로 도성의 행정 구역을 나누었어요. 이것을 기와의 등면에 도장으로 찍어 만든 것이 5부명 기와예요.

21

# 어떤 토기를 썼을까요?

　사비 시대 백제의 토기는 오래전부터 쌓아온 백제의 토기 기술이 만들어낸 거예요. 백제의 토기를 만든 사람들도 처음에는 중국을 비롯해 여러 나라에서 들어오는 기술을 받아들였어요. 그래서 쓰임새에 따라 모양이나 크기를 일정하게 맞추고 쓰기 편하게 만들었지요. 이렇게 만든 토기는 백제의 여러 지방으로 퍼져나가 백제만의 토기 문화로 자리잡았어요.

## 사비 시대 백제의 토기

　이 시기에 만든 토기는 모양이나 쓰임새가 무척 다양했어요. 세발 토기, 병, 단지, 뚜껑접시, 굽다리접시, 뚜껑, 손잡이 잔, 그릇받침, 완, 전달린 토기, 접시, 자배기, 등잔 등 일상생활에서 쓰는 토기나 의례용 토기 등이 따로 제작되었어요. 특히 발이 세 개 달린 세발 토

**등잔**
기름을 이용해 불을 밝히던 도구로 흙으로 만든 것이 많아요. 등잔 안에는 심지를 올려 놓을 수 있는 돌기가 있어요.

**기대**
그릇받침이에요. 주로 옛 무덤에서 발견되는 것으로 보아 일상생활보다는 제를 지낼 때 썼던 것으로 보여요.

**뼈단지**
뼈단지 안에서는 중국 수나라의 오수전이나 당나라의 개원통보가 발견되기도 해서 토기의 연대를 알려주는 자료가 되고 있어요.

기는 백제에서만 발견되는 것으로, 백제의 뛰어난 토기 기술을 짐작할 수 있지요.

생활 토기로는 주로 자배기와 완, 단지가 많이 발견되었어요. 그중 완과 전달린 토기와 정병 등의 회색 토기는 최고급 생활 토기였어요. 부여를 중심으로 만들어졌으며 관북리 추정왕궁터와 부소산성, 여러 절터 유적 등에서 주로 발견되고 있어요.

사비 시대부터는 고분에 부장품을 간소하게 넣어 장례를 치르는 일이 많아졌어요. 무덤에 껴묻거리를 많이 묻었던 예전과 달리 뚜껑접시, 병, 세발 토기, 단지 정도만 넣었지요. 그리고 불교의 영향으로 화장이 유행하면서 크고 작은 뼈단지도 많이 만들어졌어요.

**부소산성**

부여의 북쪽에 위치한 부소산에 쌓은 산성이에요. 임금이 사는 궁궐을 방어하는 매우 중요한 곳으로, 돌과 흙을 함께 사용해서 쌓았어요. 산성의 성문과 성벽이 확인되었고, 성 안쪽에서는 사비 시대의 건물터 여러 개가 발견되었답니다. 성 안에는 백제 시대의 절터 유적과 낙화암, 고란사, 사비루, 영일루 및 군창터 등이 남아 있어요.

저기 세 발 달린 토기 모양이 너무 재미있어.

응, 세발 토기는 백제에서만 볼 수 있는 토기야.

**회색 토기**
사비 시대에 만들어진 최고급 토기예요. 모래가 거의 없는 고운 점토로 만들었어요. 왕궁터, 절터에서 발견된 것으로 보아 상류층에서 사용하던 토기로 짐작돼요.

**세발 토기**
접시에 세 개의 다리가 달린 토기로, 백제 지역에서만 발견되고 있어 백제 특유의 그릇으로 생각하고 있어요. 백제의 생활유적과 무덤유적에서 발견되었어요.

# 토기는 이렇게 만들어요

사람들이 토기를 불에 구워 쓰기 시작한 것은 신석기 시대부터예요. 불에 구운 토기가 발명되면서 사람들의 생활에는 많은 변화가 있었어요. 그중 가장 큰 변화는 음식물을 오랫동안 보관하거나 익힐 수 있게 된 거예요. 그러면서 사람들은 다양한 먹을거리를 먹을 수 있게 되었지요. 이렇게 생활이 발달하면서 토기를 만드는 기술도 점차 발달했어요.

### 1. 바탕흙 준비
토기는 점토로 만들어요. 우선 자연 상태의 점토에서 불순물을 없애고 흑연, 운모 등을 섞어서 잘 반죽해 토기를 빚을 바탕흙을 만들어요.

### 2. 형태 만들기
바탕흙으로 토기의 형태를 잡아요. 손이나 물레를 이용해 빚거나 테두리를 말아올려 빚기 등의 방법으로 만들지요.

### 3. 다듬기
토기의 모양을 완성하는 단계예요. 어느 정도 모양이 만들어지면 조금 더 세밀하게 다듬지요. 그 뒤 마지막으로 각종 무늬를 새겨 넣어요.

그래서 삼국 시대에는 두드리면 쇳소리가 날 정도로 단단한 회청색경질토기를 만들
었어요. 연질토기*도 있었지만 경질토기*가 주로 생산되며 일상생활에 쓰는 용기, 제
사 때 사용하는 용기, 무덤에 부장품으로 묻는 용기 등 기능에 따라 알맞은 토기를 만
들었어요. 그럼, 토기를 어떻게 만들었는지 살펴볼까요?

### 4. 말리기
형태를 만들고 모양까지 다듬고 나면 그늘에서 충분히 말
려야 해요. 덜 마른 토기를 불에 구우면 갈라지고 깨지기
때문이에요.

### 5. 굽기
토기를 가마에 넣고 구워요. 가마는 크게 한뎃가마와 굴가마 두가
지가 있어요. 한뎃가마는 구덩이를 파고 땔감과 토기 등을 포개어
쌓아 굽는 방법이에요. 주로 선사 시대에 이용한 방법이에요. 이렇
게 구운 토기는 붉은 색을 띠어요. 굴가마는 산이나 언덕의 경사진
곳에 굴을 파서 토기를 굽다가 마지막 단계에서 땔감을 충분히 넣
고 입구를 막아 버려요. 이렇게 구워진 토기는 회청색을 띠지요.

*연질토기 : 1000도 이하의 열에서 구운 토기로 덜 딱딱해요.
*경질토기 : 1000도 이상의 열에서 구운 토기로 아주 단단하지요.

# 생활이 편리해졌어요

우리 주변에는 생활을 편리하게 하기 위한 각종 도구들이 있어요. 집 안의 화장실, 자동차, 저울 등 여러 가지가 있지요. 백제 시대에도 이처럼 생활을 편리하게 하기 위한 갖가지 도구들이 있었어요. 저울을 대신했던 추, 화장실을 대신한 재미있는 모양의 변기 등이 있지요. 그럼 지금부터 백제 사람들은 생활의 편리를 위해 어떤 도구들을 만들어 썼는지 전시물들을 살펴보아요.

## 백제 사람들은 요강을 사용했어요

전시실을 돌다보니 재미있는 모양의 그릇이 보여요. 바로 요강이에요. 백제 사람들도 요강을 사용했어요. 요강은 남자용과 여자용이 형태가 달라요. 남자가 사용한 요강을 '호자'라고 하는데, 호랑이가 입을 크게 벌리고 앉아서 웃고 있는 듯한 해학적인 모습으로 만들었어요. 호자는 부여 지방에서만 발견되고 있는 것으로 보아 상류층에서만 사용한 듯해요. 여자용 요강인 변기는 앉아서 사용할 수 있도록 만들었

🌀 **해학**
익살스럽지만 품위가 있는 말이나 행동을 말해요.

> 호자는 이렇게 소변을 눌 때 사용하는 거예요.

**호자**
남자가 사용한 요강이에요. 호랑이 모습을 해학적으로 표현했어요.

**변기**
여자가 사용한 요강으로 앉아서 볼일을 볼 수 있어요.

어요. 이 요강들은 오늘날의 병원에서도 비슷한 형태를 사용하고 있어 그 전통이 매우 오래되었음을 알 수 있어요.

## 백제의 도량형은 무엇이 있을까?

도량형은 길이, 부피, 무게를 재는 수단 또는 단위 등을 통틀어 일 컫는 말이에요. 즉, 길이를 재는 자, 부피를 재는 용기, 무게를 다는 저울 등을 가리키지요. 그렇다면 도량형은 무엇을 기준으로 해서 만 들었을까요? 바로 사람의 신체 일부를 기준으로 삼았어요. 한 뼘을 가리키는 척이나 한 줌을 가리키는 홉처럼 말이에요. 이처럼 사람들 은 사는 데 필요한 물건의 크기나 양을 판단하기 위한 기준을 서로 합의하고 통일하여 도량형을 만들었어요.

도량형 중에서 가장 기본이는 되는 것은 길이를 재는 척도제예요. 부여 쌍북리에서 출토된 자는 백제의 척도제를 알려 주는 중 요한 자료예요. 이곳에서는 도량기가 자와 함께 출토되 어 백제의 도량형 제도가 매우 높은 수준이었음을 알 수 있어요.

🔴 **줌**
주먹에 쥘 만한 분량을 세는 단위예요.

백제 시대에는 저울 대신 돌추로 무게를 쟀단다.

**일근명 거푸집**
백제의 무게 단위를 알려주는 귀중한 자료예요. 이 거푸집은 1근 무게의 금속 물을 만드는 데 사용했어요.

**자**
길이를 재는 단위로 사용했 어요.

**돌추**
물건의 무게를 잴 때 사용했어요.

자는 옛날이나 지금이나 모양이 똑같네.

# 부소산성에서 출토된 무기들

사비 시대의 대표적 성곽인 부여 부소산성은 백제와 나·당연합군의 치열한 전투가 벌어졌던 곳이에요. 이곳에서는 큰 칼, 창, 화살촉, 갈고리창, 양지창, 갈고리, 마름쇠, 갑옷조각 등 다양한 무기들이 출토되었어요. 찍어 낼 때 사용하는 무기, 걸어 당길 때 쓰는 무기, 밀어 베는 무기 등 다양한 형태의 무기들이지요. 한편, 무덤에서 당시에 사용하였던 무기들이 발견되기도 했어요. 그중 나주 복암리에서 출토된 장식대도가 눈에 띄어요. 이 유물을 보면 계급에 따라 다른 무기를 지녔다는 사실을 알 수 있어요. 이는 백제가 이미 어느 정도 조직화된 군사 체계를 갖추었음을 말해 주지요.

🔵 **나·당연합군**
신라가 백제를 공격했을 때 신라와 당나라가 연합했던 군대예요.

**갈고리**
성벽에 줄을 걸 때 사용해요.

**양지창**
성벽을 기어오르는 병사를 밀어 낼 때 사용해요.

**창**
적을 향해 던질 때 사용해요.

# 아름다운 백제금동대향로

와, 저기 아름답고 우아한 자태를 뽐내며 서 있는 향로가 있어요. 바로 백제금동대향로예요. 가까이 다가가서 살펴볼까요? 백제금동대향로는 백제의 멸망과 함께 땅 속에 묻혔다가 1993년 능산리 절터를 발굴할 때 세상에 모습을 드러내게 되었어요.

그럼, 향로가 어떻게 생겼는지 자세히 살펴볼까요? 향로는 높이가 61.8센티미터, 무게가 11.85킬로그램으로 머리, 뚜껑, 몸통, 받침의 네 부분으로 이루어져 있어요.

머리 부분의 **봉황**은 가슴에 두 개의 구멍이 나 있어요. 이 구멍은 향로 뚜껑의 위쪽까지 둥근 관으로 연결되어 있어 향을 피우면 연기가 피어오르지요. 또 뚜껑의 위쪽 문양 뒤쪽에 있는 10개의 구멍에서도 연기가 피어올라요.

뚜껑에는 74개의 봉우리와 5명의 악사, 17명의 인물, 호랑이와 코끼리, 원숭이

백제금동대향로

**머리**
정상에는 날개를 활짝 핀 채 앞을 보고 있는 한 마리의 봉황이 장식되어 있어요.

**뚜껑**
신선이 살았다는 상상 속의 산을 표현했어요.

**몸통**
연꽃잎 모양을 도드라지게 표현해 사실적인 느낌을 주어요.

**받침**
한 마리의 용이 머리를 들어 입으로 향로 몸체의 아랫부분을 물고 있는 모습이에요.

**봉황**
중국의 전설에 나오는 좋은
징조를 상징하는 새예요.

를 비롯한 42마리의 각종 동물들이 표현되어 있어요. 이 밖에 나무와
바위, 시냇물, 폭포 등도 조각되어 있어요.

향로의 몸통과 받침은 용의 입에 물려진 봉을 몸통 안의 관에 끼워
연결했어요. 몸통은 연꽃잎을 겹쳐가며 표현했는데 여기에는 2명의
인물과 날개 달린 물고기, 새 등 27마리의 동물들이 조각되어 있어
요. 받침은 하늘을 향해 용트림을 하는 용의 역동적인 모습을 표현했
어요. 다리와 몸통 사이에는 구름무늬, 연꽃무늬 등을 배치해서 전체

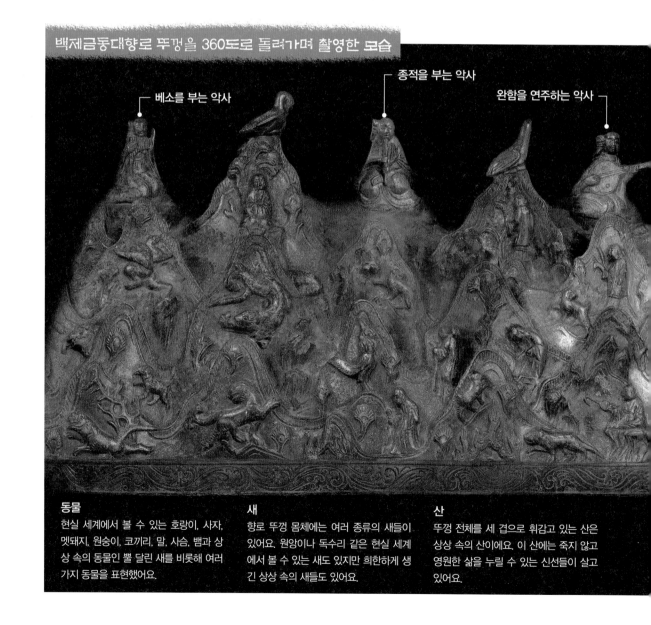

**백제금동대향로 뚜껑을 360도로 돌려가며 촬영한 모습**

베소를 부는 악사

종적을 부는 악사

완함을 연주하는 악사

**동물**
현실 세계에서 볼 수 있는 호랑이, 사자,
멧돼지, 원숭이, 코끼리, 말, 사슴, 뱀과 상
상 속의 동물인 뿔 달린 새를 비롯해 여러
가지 동물을 표현했어요.

**새**
향로 뚜껑 몸체에는 여러 종류의 새들이
있어요. 원앙이나 독수리 같은 현실 세계
에서 볼 수 있는 새도 있지만 희한하게 생
긴 상상 속의 새들도 있어요.

**산**
뚜껑 전체를 세 겹으로 휘감고 있는 산은
상상 속의 산이에요. 이 산에는 죽지 않고
영원한 삶을 누릴 수 있는 신선들이 살고
있어요.

가 하나의 동그란 받침을 이루도록 만들었어요.

그런데 이렇게 정교하고 아름답게 만든 백제금동대향로는 어디에 쓰였던 것일까요? 향로가 묻혀 있던 능산리 절터는 당시 왕실과 밀접한 관련이 있을 것으로 추정되는 곳이에요. 그래서 왕실의 의례에 이 향로를 사용했을 것으로 추측하고 있답니다.

와! 너무 멋져. 금동대향로에 조각 되어 있는 악사들이어떤 연주를 하고 있을까?

북을 두드리는 악사

거문고를 연주하는 악사

새
뚜껑 꼭대기에 모두 다섯 마리가 있어요. 새가 날아가려는 모습을 차례로 표현한 것 같아요.

**자연**
향로 뚜껑은 산, 나무, 물, 바위, 폭포로 뒤덮여 있어요. 마치 현실 세계에서는 결코 볼 수 없는 아름다운 신선의 세계를 표현해 놓은 듯해요.

**봉황과 용**
예부터 봉황은 가장 높은 사람의 물건이나 옷에 그렸던 동물이에요. 백제금동대향로의 봉황은 날개와 긴 꼬리, 깃털 등이 사실적으로 표현되어 있어요.

**오악사**
뚜껑 위쪽에서 5명의 악사가 악기를 연주하고 있어요. 저마다 독특한 자세로 연주하는 모습이 실감나게 표현되어 있어요.

# 백제금동대향로는 어떻게 만들었을까?

백제금동대향로에는 다채로운 모양과 정교한 무늬가 섬세하게 표현되어 있어요. 그래서 금속주조법인 실납법으로 만들었을 거라고 짐작하고 있어요. 실납법은 밀랍*으로 형태를 만든 뒤 틀을 만들고 주물*을 부어 만드는 방법이에요. 백제금동대향로는 당시 백제 사람들의 생각과 예술력이 한데 모인 백제 금속공예 기술의 최고 걸작으

### 1. 기본 그림 그리기
백제금동대향로의 전체 모양을 그림으로 구상하는 단계예요. 백제금동대향로는 중국 향로에서 찾아 볼 수 없는 독창성을 지니고 있어 도안 작업이 쉽게 이루어지지는 않았을 거예요.

### 2. 원본 조각 다듬기
도안에 따라 향로의 모양을 조각하는 단계예요. 벌집과 송진을 잘 섞은 밀랍에다 여러 가지 모양들을 조각했어요.

### 3. 거푸집 만들기
액체 상태의 금속을 붓기 위한 틀을 만드는 작업이에요. 처음에는 붓으로 고운 진흙을 촘촘히 바르고 그 위에 모래를 섞은 진흙을 여러 번 덧칠해서 두껍고 단단하게 만들어요. 이 때 거푸집에는 밀랍이 녹아 흘러내릴 수 있는 구멍과 액체가 된 금속을 부을 수 있는 구멍을 미리 만들어요. 그 다음 열을 가하면 밀랍이 녹아 거푸집이 완성되지요.

로, 만드는 데 많은 시간과 노력을 기울였을 거예요. 기본 그림, 무늬의 조각, 합금*과 주조, 도금의 단계를 거쳐 제작되었어요. 백제금동대향로의 발견으로 인해 백제 문화의 위상은 매우 높아졌어요. 백제가 고대 동아시아 국가들 중에서 뛰어난 기술과 화려한 예술 감각을 자랑했다는 것을 알 수 있지요.

### 4. 거푸집에 청동 붓기
완성된 거푸집에 청동을 부어 향로를 만드는 과정이에요. 액체 상태의 청동을 부을 때 향로에 공기구멍이나 흠집이 생기지 않도록 주의해야 해요.

### 5. 도금하기
청동 향로의 표면에 금가루를 입히는 과정이에요. 금가루와 수은을 섞은 액체를 한지에 걸러 내서 그 액체를 붓으로 향로의 겉부분에 발라요. 그런 다음 가열하면 향로의 겉부분에는 수은은 날아가고 금만 남지요.

*밀랍 : 꿀벌이 벌집을 만들기 위해 배출하는 물질이에요. 양초와 비슷한 성질이에요.
*주물 : 쇠붙이를 녹여 거푸집에 부은 다음 굳혀서 만든 물건이에요.
*합금 : 서로 성질이 다른 둘 이상의 금속이나 비금속을 섞어서 녹여 새로운 성질의 금속을 만들거나 그렇게 만든 금속이에요.

### 6. 향 피우기
완성된 향로에 불을 피워요.

## 제3전시실
# 백제의 예술 세계

　제3전시실에는 백제의 예술 세계를 알아볼 수 있는 다양한 유물들이 있어요. 불교 조각, 대외교류, 각종 꾸미개, 건축과 기와를 통해 당시 백제 사람들의 예술성을 짐작해 볼 수 있지요. 백제 문화는 사비 시대에 절정기를 맞이했어요. 백제 사람들은 이곳에서 완성시킨 문화를 주변 나라에 전파했지요. 그리고 주변 나라의 문화를 받아들여 그것을 백제식으로 소화할 줄 아는 뛰어난 예술 감각도 갖고 있었어요. 백제의 예술 작품은 실용적이면서도 자연미를 추구하고 있어요. 백제의 도공들은 자연의 아름다움을 예술품에 그대로 담았답니다.

　6세기 말부터 7세기 초까지 백제 문화는 눈부신 발전을 이루었어요. 이 시기의 유물

들을 보면 그 수준을 짐작할 수 있지요. 당대 동아시아의 최고 명품으로 꼽히는 백제 금동대향로, 백제의 미소로 널리 알려진 서산마애삼존불, 그리고 처음으로 토기에 유약을 입혀서 구운 백제녹유 등에서 엿볼 수 있어요. 이 때의 백제 문화는 자연스럽게 일본에 전해졌지요. 동대사, 사천왕사, 백제관음상, 광륭사 목조반가사유상이 백제의 영향을 받은 대표적인 작품들이에요.

이 시기에 백제는 중국이나 일본과 활발한 교류를 하고 있었어요. 당시 백제에 많은 중국인과 일본인들이 살았다는 기록만 보아도 알 수 있지요. 이렇게 주변 나라와 활발한 문화 교류를 통해 이룬 백제의 예술 세계는 동아시아의 최고 수준이었어요.

# 백제의 불교 예술품

🔵 **침류왕**
백제의 15대 왕이에요. 인도의 승려 마리난타가 불교를 전해 주어 이듬해에 처음으로 백제에 절을 지었어요.

백제에서 불교가 국가적으로 공인된 것은 한성 시기의 **침류왕** 때부터였어요. 도읍을 사비로 옮긴 뒤에는 일본에 불교를 전해줄 정도로 널리 퍼졌지요. 그럼, 지금부터 불교 예술의 꽃인 백제의 불상과 탑들을 둘러보아요.

## 돌에 새긴 석불상과 금을 입힌 금동불상

🔵 **여래**
부처를 달리 이르는 말이에요.

🔵 **삼존**
본존과 그 좌우에 있는 두 분의 부처나 보살을 통틀어 이르는 말이에요.

백제의 석불은 세련되고 온화한 느낌이 특징이에요. 부드럽고 밝은 미소가 강조된 얼굴은 친근함이 느껴지지요. 이 가운데 가장 대표적인 불상은 서산마애삼존불상, 태안마애삼존불상, 예산화전리사면석불상 등이에요. 특히 서산마애삼존불상은 백제인의 모습이 가장 잘 반영된 백제의 대표적인 불상이에요. 이 불상은 크고 환하게 웃으며 가운데 서 있는 **여래**입상과, 반가사유상, 보살입상이 **삼존**불을 이루고 있어요.

**서산마애삼존불상**
서산 바닷가의 벼랑에 조각되어 있어요. 이 불상을 보며 사람들은 뱃길을 오고가며 자신의 안전을 기도했어요.

**금동여래좌상**
머리 위에 얹은 크고 둥근 육계가 인상적이에요. 코는 크고 양쪽 귀는 작은 편이며, 얼굴은 타원형이지요.

**금동관세음보살입상**
연꽃받침 위에서 오른손으로 보주를 살포시 들고 왼손으로 천의를 살짝 잡고 우아한 자태로 서 있어요.

금동불은 구리로 만든 뒤 금을 입힌 불상이에요. 대형 금동불은 법당에 모셨고, 소형 금동불은 지니고 다니며 불교의 교리를 전하는 데 이용했어요. 부여 규암면 신리에서 출토된 금동불좌상과 금동보살상은 부여 규암 출토 금동보살입상과 더불어 백제를 대표하는 금동불이에요.

## 백제의 탑

국립부여박물관에는 청동탑이 전시돼 있어요. 처음부터 탑의 일부분만 발견되었어요. 이 탑의 발견으로 인해 실제 건축물이 하나도 남아 있지 않은 백제 건축물의 한 모습을 짐작해 볼 수 있게 되었어요. 부여 정림사지오층석탑과 익산 미륵사지 석탑과 더불어 백제 시대 탑을 연구하는 데 귀중한 자료예요.

**금동보살입상**
둥글고 통통한 얼굴에 살짝 치켜 올려진 입은 곧은 코, 내리뜬 눈과 어울려 자연스러운 미소를 머금고 있어요.

**청동탑**
부여 금성산 서남쪽에 위치한 천왕사지 부근에서 발견된 청동소탑의 일부분이에요.

ⓒ사계절출판사

**정림사지오층석탑**
부여 정림사터에 세워져 있는 석탑이에요. 석탑의 고유 양식을 완성했다고 평가하지요.

# 국제 교류로 이룬 예술품

**아스카 문화**

아스카 시대(552~645)는 한반도에서 불교가 전파되면서 시작되었어요. 그리고 중국의 정치 제도를 받아들이면서 전성기를 맞이했어요. 이 시기의 문화를 아스카 문화라고 해요. 아스카 문화는 긴끼 지방에서 불교를 바탕으로 성립되었으며 대표적인 사원으로는 백제 문화의 영향을 받아 세운 아스카 사와 호류사가 유명해요.

백제의 예술품 중에는 고구려나 신라, 가야뿐만 아니라 중국이나 일본에서 들어온 것으로 보이는 것들이 꽤 있답니다. 왜일까요? 백제가 바다 건너 중국이나 일본과도 문화 교류를 했기 때문이에요. 이런 국제 교류를 통해 백제는 독특한 예술 문화를 이룰 수 있었지요.

《삼국사기》에 따르면, 백제는 근초고왕 때부터 중국과 교류했어요. 하지만 백제의 여러 지방에서 발견되는 중국 유물을 보면 그보다 훨씬 전부터 교류가 있었다는 것을 알수 있어요. 부여 지방에서 발견되고 있는 중국 유물로는 청자, 백자, 오수전, 개원통보 등이 있어요.

특히 백제는 일본과 교류가 활발했어요. 백제의 많은 학자와 장인들이 일본으로 건너가 선진 문물을 전해 주었고, 일본의 아스카 문화 탄생에 영향을 주었어요. 그리고 백제도 일본 문화의 영향을 받았어요.

**흑갈유자기**
흑갈색 유약을 입힌 중국 당나라의 도자기예요.

**중국 청자 파편**
중국 남조 시기의 청자 파편이에요. 백제와 중국의 교류를 통해 들어왔어요.

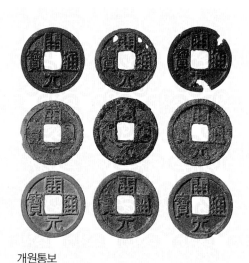

**개원통보**
중국 당나라의 동전이에요. 사비 시대에 당나라와 교류하면서 부여 지방에 들어온 것으로 보여요.

영산강 유역에서는 일본에서 유행하던 무덤과 비슷한 형태의 무덤이 발견되었어요. 이 무덤의 형태는 둥근 봉분의 앞부분에 네모난 입구가 있어요. 이 무덤들에서 귀때단지, 자라병 같은 유물이 발견되었어요. 또 무령왕릉의 나무널은 일본에서 자란 금송이라는 나무로 만든 것이지요.

**백제와 일본의 교류**
학자와 장인들이 일본으로 건너가 백제의 학문과 기술을 일본에 전했어요.

이렇게 백제는 주변 나라들과 적극적인 대외 교류를 펼치면서 찬란한 문화를 발전시켰어요.

**귀때단지**
작은 단지의 몸체에 동그란 구멍이 있어요. 이 구멍에 긴 막대관을 꽂아서 단지에 있는 액체를 따르지요.

**자라병**
둥글고 납작한 병이에요. 병을 옆으로 뉘어 보면 자라처럼 보이기도 해요.

**칠지도**
백제 근초고왕이 일본에 전해준 것으로 알려진 칠지도는 앞뒷면에 금으로 박아진 글자가 있어 한일 고대사 연구의 귀중한 자료로 꼽혀요.

# 멋스럽고 실용적인 장식품

백제 사람들은 어떤 장식품을 사용했을까요? 저기 아름다운 장식품들을 보아요. 예술과 기술이 발달한 나라답게 백제의 장식품은 멋스러우면서도 실용성을 생각하고 만들었어요. 오래전부터 장신구는 지배계층이 자신들의 권위를 나타내는 수단 중의 하나로 사용했어요. 또 지방의 힘센 지배자들에게 장식품을 보내 그들의 마음을 사로잡는 수단으로도 이용했어요. 사비 시대 백제의 장신구로는 관꾸미개, 귀걸이, 허리띠장식, 머리장식 등 다양한 종류가 있어요.

**백제에는 박사가 있었어요**

백제의 아름다운 장식품들은 어디에서 만들어진 것일까요? 바로 공방이에요. 이곳은 국가에서 직접 조직하고 관리했지요. 백제에는 각 분야의 전문적인 기술을 가진 장인들이 공방에서 일하며 물건을 만들었어요. 이들을 '박사'라고 불렀어요. 각기 분야에서 분업을 하며 백제의 예술과 기술의 수준을 높이 끌어올렸답니다. '박사'는 일본에도 파견되어 일본에 백제의 문화를 전파했어요.

## 관리들의 모자에 단 장식

장식품은 왕과 귀족 사이에 차이가 있었어요. 예를 들어 관꾸미개

**은제 관꾸미개를 단 백제인 모형**
은제 관꾸미개를 단 모습의 모형이에요. 모자의 한가운데에 은제 관꾸미개를 달았어요.

**뒤꽂이와 은제 관꾸미개**
머리나 모자에 꽂아 장식하던 것이에요. 뒤꽂이는 여자들만 사용했지만 은제 관꾸미개는 남녀 모두 사용했어요.

나 허리띠꾸미개를 보면 신분이나 지위에 따라 모양이 달랐지요. 장식품들은 집터 같은 생활 유적보다는 귀족이나 왕족들의 무덤에서 발견되었어요. 부여, 논산 등 백제의 **굴식돌방무덤**에서는 은으로 만든 꽃 모양의 머리 장식이 발견되었어요. 이 장식은 백제 관리들이 모자에 달았던 은제 관꾸미개예요. 《삼국사기》에 보면 "왕은 검은 비단으로 만든 모자에 금꽃으로 장식했고, 6품 **나솔** 이상의 관리들은 은꽃으로 장식했다."고 나와 있어요. 이 꾸미개는 얇은 은판을 오려 만든 거예요. 중심이 되는 줄기와 좌우 가지, 꽃봉오리 모양을 오리고 난 뒤 가운데를 접은 것이지요. 관리의 벼슬이 높을 수록 줄기에 달린 가지가 많았어요.

그리고 부여 능안골 무덤에서는 은제 관꾸미개를 세워 붙일 수 있는 역삼각형의 철테가 발견되었는데, 모자의 심일 것으로 여기고 있어요. 36호분에서는 부부가 사용했던 은제 관꾸미개가 함께 발견됐어요. 남자와 여자의 것이 서로 모양이 다른데, 남자의 꾸미개는 좌우 가지에 장식이 있고, 여자의 꾸미개는 맨 윗 부분에 꽃 모양 장식만 있답니다.

🌸 **굴식돌방무덤**
판 모양의 돌로 널을 두는 방을 만들고 한쪽에 문을 만들고 흙을 쌓은 무덤이에요.

🌸 **나솔**
백제의 16개 관리 등급 가운데 여섯째 등급이에요.

**여기서 잠깐!**

### 알맞은 말을 골라 넣어 보세요.

백제에는 각 분야의 전문 기술을 가진 박사가 있었다고 해요. 다음 설명을 잘 읽고 빈 칸을 채워 보세요.

박사는 백제의 ( ① )으로 각 분야에서 전문적인 기술을 지닌 사람들이었어요. 국가에서 직접 관리했던 사람들로 ( ② )에서 아름다운 장식품들을 만들고, 건축과 기술을 발전시켰어요. 그리고 ( ③ )에도 파견되어 우수한 백제 문화를 전파했어요.

[보기] 공방, 일본, 장인

☞정답은 56쪽에

# 건축술이 돋보이는 건축물

부여를 비롯한 백제의 옛 땅에는 그 때 지어진 왕궁이나 절 같은 건물터가 많이 남아 있어요. 여기에서 발견된 유물들을 관찰해 보면 백제가 건축술이 매우 뛰어난 나라였음을 알 수 있어요. 지붕에 올리는 기와나 바닥에 까는 벽돌들을 살펴보며 백제 사람들의 뛰어난 건축술을 알아보아요.

## 새가 꼬리를 편 듯한 지붕 장식

백제 사람들이 건물 지붕을 장식할 때 쓰는 유물로 치미가 있어요. 치미는 지붕의 **용마루** 양 끝을 장식하는 기와예요. 주로 점토로 만들며 아래 부분을 네모 모양이나 반달 모양으로 홈을 파서 고정할 수 있도록 만들었어요. 치미의 기원은 여러 가지 설이 있으나 **길상**과 **벽사**의 상징인 봉황의 깃에서 비롯되었다고 알려져 있어요. 치미는 중국 한나라 때는 반우, 진나라 때는 치미, 통일신라 시대에는 누미 등으로 불렸어요.

● **용마루**
지붕 가운데 부분에 수평으로 뻗어 있는 가장 높은 마루예요.

● **길상**
운수가 좋을 조짐을 말해요.

● **벽사**
귀신을 물리치는 것이에요.

**치미**
부여 부소산에 있는 백제 시대 절터에서 발견되었어요. 치미의 안쪽은 새의 날개 모양, 바깥쪽은 새의 깃 모양. 뒷면에는 연꽃무늬가 장식되어 있어요.

**기와**
지붕을 이는 데에 쓰기 위해 흙을 구워서 만들어요. 수키와(좌)와 암키와(우)로 나뉘는데 암키와를 밑에 깔고 암키와와 암키와 사이를 수키와로 이어서 덮어요.

# 연꽃으로 장식한 아름다운 기와지붕

 기와지붕은 수키와, 암키와, 수막새, 서까래기와, 도깨비기와, 치미 등 많은 종류의 기와들로 장식하지요. 이 가운데 연꽃무늬로 장식된 수막새는 백제 기와의 특징이 잘 나타나 있어요.

 백제의 연꽃무늬 수막새는 잎을 넓고 부드럽게 만들어서 사실적인 느낌을 강조했어요. 꽃잎의 수는 8개가 많고, 꽃잎의 끝이 약간 들린 것, 갈라진 것 등 여러 가지예요. 7세기 이후에는 연꽃잎 안에 꽃술과 인동 모양 잎이 새겨진 새로운 형식의 연꽃무늬 수막새가 나타났어요.

**◉ 수키와**
암키와와 암키와 사이를 잇는 기와예요. 볼록한 부분이 위로 가게 엎어져 있지요.

**◉ 암키와**
볼록한 부분이 아래로 닿게 놓는 기와예요. 바닥에 깔 수 있게 크고 넓게 만들지요.

**◉ 수막새**
기와지붕 가장자리를 장식하는 것으로 대부분 한 면에 연꽃무늬가 있어요.

**연꽃무늬 수막새**
연꽃무늬를 새겨넣은 수막새예요. 백제의 수막새는 신라와 일본의 수막새에도 영향을 주었어요.

**서까래기와**
지붕 밑에는 서까래가 돌아가며 서까래의 앞면을 장식하는 것으로 주로 연꽃무늬가 부조되어 있어요.

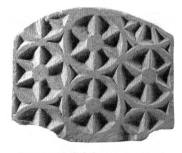

**추녀마루장식기와**
돌로 만든 것으로 추녀마루에 장식해요. 앞에 연꽃무늬가 있고 철제 고리를 달아 지붕에 고정하기도 해요.

# 백제인은 미술가, 여덟무늬 벽돌

 부여군 규암면 외리에서는 모두 여덟 종류의 무늬 벽돌이 출토되었어요. 산수무늬 벽돌과 도깨비무늬 벽돌 두 종류씩, 봉황무늬 벽돌, 용무늬 벽돌, 연꽃무늬 벽돌, 구름무늬 벽돌 한 종류씩이 있어요. 벽돌은 네 귀퉁이의 옆면에 홈이 파여 있어서 이웃하는 벽돌과 서로 연결해서 고정할 수 있도록 만들었어요. 당시 백제의 회화 및 건축, 종교와 사상적 측면까지 살펴 볼 수 있는 귀중한 자료랍니다.

**◉ 인동**
초여름에 꽃이 피는 식물이에요. 이 모양을 벽돌에 새겨 넣었어요.

**중국 남조**
중국 남북조 시대 5~6세기경에 양쯔 강 하류 지역을 점거하고 남경을 수도로 했던 네 왕조를 통틀어 이르는 말이에요.

무늬 벽돌은 백제 문화의 완성기이며 절정기인 사비 시대에 만들어졌어요. 무늬 벽돌에는 중국 남조 문화의 영향이 나타나 있어요. 하지만 백제인의 예술 감각으로 소화해서 백제만의 문화로 재창조시켜 주변에 전파했어요. 이는 백제 문화의 개방성과 국제성을 느낄 수 있는 중요한 부분이지요.

무늬 벽돌은 자연의 아름다움과 사상을 잘 이해하고 있었던 장인만이 표현할 수 있었어요. 점토에 무늬를 찍은 것이지만 질감이나 구도는 한 폭의 그림이라고 해도 손색이 없지요. 무늬 벽돌에 나타난 그림에는 백제 장인들의 훌륭한 예술 세계가 담겨 있답니다.

## 부여 외리에서 발견된 여덟무늬 벽돌

**연꽃무늬 벽돌**
구슬 띠 안에 연꽃무늬가 새겨져 있어요.

**산풍경도깨비무늬 벽돌**
산 풍경 위에 도깨비의 모습을 새겨 넣었어요.

**봉황무늬 벽돌**
구슬 띠 안에 봉황 한 마리가 새겨져 있어요.

**용무늬 벽돌**
구슬 띠 안에 용을 새겨 넣었어요.

**연꽃구름무늬 벽돌**
8개의 작은 연꽃무늬를 새기고 주위에 8개의 구름무늬를 둘렀어요.

**연꽃도깨비무늬 벽돌**
연꽃 받침 위에 앞을 보고 서 있는 도깨비의 모습이에요.

**산수무늬 벽돌**
높고 낮은 산이 겹겹이 서 있고 물이 흐르는 모습이 새겨져 있어요.

**산수봉황무늬 벽돌**
산 위에 봉황이 있고 그 주위로 산과 구름, 구름무늬가 있어요.

# 백제의 대규모 기와생산단지

부여 정암리 가마터는 기와, 벽돌, 토기 등을 생산하던 백제 최대의 가마터로 우리나라 고대 가마 연구에 많은 도움이 되는 유적이에요.

정암리 가마터에서 발견된 백제 시대 가마는 언덕의 비탈진 면을 파고 들어가 터널처럼 만든 굴가마예요. 이곳에서는 연꽃무늬 수막새, 상자모양 벽돌, 치미, 암키와와 수키와 등 수많은 기와와 자배기, 완, 벼루

**부여 정암리 가마터**
6~7세기에 만들어진 가마로 중국과 일본에서도 비슷한 형태의 가마가 발견되고 있어 눈길을 끌어요.

를 비롯한 다양한 유물이 발견되었어요. 특히 연꽃무늬 수막새는 군수리 절터, 동남리 절터 등 부여 지역과 청양 지역에서도 같은 형태가 발견되었어요. 이 사실로 보아 정암리 가마에서 만든 기와의 수요지가 넓었다는 것을 알 수 있어요.

이렇게 굴처럼 생긴 가마에서 기와를 구웠구나!

**가마에서 기와를 굽는 모습**
기와를 넣고 불을 지피면 기와가 구워지면서 위로 난 세 개의 구멍으로 연기가 빠져 나가요.

# 야외전시실을 둘러보아요

**백제에도 냉장고가 있었다?**

부여 관북리 추정 왕궁지는 사비 시대의 왕이 거주하는 왕궁과 관청들이 있었던 곳으로 짐작돼요. 이곳에서는 길쭉한 네모 모양의 구덩이를 판 다음 잘 다듬은 판자로 만든 창고 같은 것이 발견되었어요. 그런데 그 안쪽에서 참외와 복숭아, 머루의 씨앗이 나왔지요. 과일이나 곡물을 낮은 온도에서 보관하기 위한 것으로 오늘날의 냉장고와 같은 역할을 했던 것으로 생각된답니다.

자, 이제 야외전시실로 나가 볼까요? 야외전시실은 박물관 뜰에 마련되어 있어요. 백제 시대에서부터 조선 시대에 이르기까지 부여에서 발견된 많은 양의 석조 유물이 전시되어 있어요.

백제 시대의 유물은 석조, 석등연꽃받침, **심초석** 등이 있어요. 석조는 주로 궁전이나 절 앞에 두었어요. 커다란 돌을 연꽃 모양으로 깎아 만들었지요. 평소에는 석조 안에 물을 채워 연꽃을 심었고, 건물에 불이 나면 석조에 가득 찬 물로 불을 껐어요. 그러니까 소화전 역

**여기서 잠깐!**

## 알맞은 것끼리 연결해 보세요.

다음 그림과 설명을 잘 보고 맞는 것끼리 연결해 보세요.

**성주사 비석 받침** : 거북 모양의 돌비석 받침돌이에요. 머리와 몸의 일부가 없어졌으나 다리와 거북등 모양이 매우 정교하게 조각되어 있어요.

**부여 석조** : 'エ'자형 받침 위에 둥근 꽃봉오리 형태의 석조가 올려져 있어요. 글을 새겨 넣었던 흔적이 있어요.

**성주사 비머리** : 이무기를 새긴 비석의 머릿돌로 이수라고 해요. 성주사 터에서 발견되었으며 통일 신라 시대에 만들어진 것으로 조각이 섬세해요.

☞ 정답은 56쪽에

할을 한 거예요.

통일신라 시대 유물은 석탑, 부도, 비석 받침, 비머리 등 다양하지요. 이 중에서 비석 받침은 보령 성주사터에서 발견된 것이에요. 거북 모양을 하고 있으며, 머리와 몸의 일부는 사라지고 없어요. 거북의 잔등에 긴 네모꼴의 비좌를 마련하고 그 위에 비석을 세웠지요. 거북의 등을 자세히 살펴보면 홈이 있어요. 이 홈이 바로 비석의 몸체를 세우는 자리랍니다.

이 외에 고려 시대 유물들도 만나볼 수 있어요. 불상, 석탑, 비석 등이 있고, 조선 시대 유물로는 불상, 비석 받침, 동자상 등이 있으니 잊지 말고 꼭 둘러보세요.

● 비좌
비석의 몸체를 세우기 위해 홈을 판 자리예요.

**부도**
부여 가탑리에서 발견된 부도예요. 부도는 승려의 사리를 모신 무덤이에요.

**박물관석조여래입상**
부여읍 금성산의 천왕사터에서 발견된 불상이에요. 몸체에 비하여 머리가 크며 몸체가 거의 일직선 모양이에요.

**부여 동사리석탑**
부여군 동사리에 있던 석탑이에요. 2층부터 높이가 줄어들었고, 고려 시대 석탑 양식이에요.

# 국립부여박물관을 나오며

우리는 박물관에서 옛 사람들이 남긴 유물을 둘러보면서 역사를 더듬어보고 그 시대 사람들의 삶의 흔적을 느끼지요. 이처럼 우리보다 먼저 살았던 사람들의 생활상을 엿볼 수 있는 것은 무척 신비하고 즐거운 일이에요.

국립부여박물관에서 우리는 백제 시대 이전의 선사 시대 유물과 백제 시대 중 사비 시대의 유물들을 둘러보았어요.

어떤 유물이 여러분의 머릿속에 가장 먼저 떠오르나요? 백제금동대향로, 반달돌칼, 호자, 청동기 등 인상깊었던 유물들이 서로 다를 거예요. 저마다 모양과 쓰임새가 다르고, 만들어진 연대가 다르지만 우리의 자랑스러운 문화유산이라는 사실은 모두 똑같지요.

국립부여박물관에는 무려 1만 9,000여 점의 유물이 소장되어 있다고 해요. 그중 전시된 유물은 1,000여 점에 달하고요. 오늘 우리가 본 백제의 유물들은 소장품의 10분의 1도 채 되지 않아요. 부여 지방에서는 아직도 사비

시대 백제의 유물들이 끊임없이 발굴되고 있어요. 그리고 미처 발견되지 못하고 묻혀 있는 유물들도 있으니 우리가 본 백제 역사는 아주 일부분에 불과하지요. 이 모든 유물들은 백제 장인들의 솜씨로 만들어진 것이랍니다. 눈을 감고 유물들을 하나하나 떠올려 보세요. 백제 장인들의 혼이 느껴지지 않나요? 아직 우리가 보지 못한 백제의 예술 세계가 머릿속에 펼쳐질 거예요.

앞으로 새로 만날 백제 역사를 기대하면서 그 뒤를 이을 새로운 장인들을 기다려 보아요.

# 주변을 돌아보아요

박물관은 재미있게 돌아보았나요? 이 외에도 부여에는 꼭 가 보아야 할 역사 유적지가 많이 있답니다. 박물관에 있는 금동대향로가 출토된 능산리 절터나 정림사의 오층석탑들이 있지요. 그뿐이 아니에요. 백제 무왕 때 만든 인공 연못인 궁남지도 빼놓을 수 없어요. 그리고 궁녀들이 적에게 치욕을 당할 수 없다며 뛰어든 부소산성의 낙화암도 꼭 둘러보도록 해요. 이곳들을 둘러보면서 국립부여박물관에 있는 유물들도 하나하나 떠올려 보세요.

## ❶ 부소산성과 낙화암

부소산성은 부여 쌍북리에 있는 백제 시대의 산성이에요. 나당연합군을 피해 궁녀들이 이곳으로 피신을 했어요. 하지만 부소산성 북쪽 절벽 끝까지 적군이 밀려들자 궁녀들이 절벽 아래로 몸을 던졌다는 낙화암이 있어요.

**관람 시간** 오전 9시 ~오후 6시
　　　　　(11 ~ 2월은 오후 5시까지)
**입장료** 어른 2000원, 어린이 1000원

## ❷ 정림사터와 오층석탑

이곳은 백제 사비 시대의 절터예요. 지금은 오층석탑과 고려 시대의 불상만 남아 있어요. 안으로 들어가면 두 개의 연못이 있고, 석탑이 우뚝 솟아 있어요. 그 뒤로 건물의 흔적도 남아 있어요. 정림사터 안에 있는 오층석탑은 익산의 미륵사지 석탑과 함께 우리나라에서 가장 오래된 석탑이에요. 박물관도 있으니 둘러보세요.

**관람 시간** 오전 9시 ~오후 6시
　　　　　(11 ~ 2월은 오후 5시까지)
**입장료** 어른 1500원, 어린이 700원

ⓒ사계절출판사

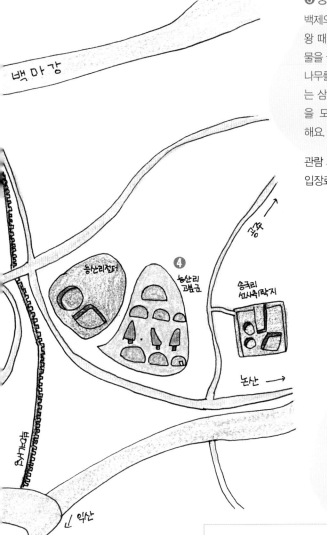

백마강

능산리절터

④ 능산리 고분군

송국리 선사취락지

부여

논산 →

↙ 익산

### ❸ 궁남지

백제의 인공 연못이에요. 《삼국사기》에 따르면 백제 무왕 때 왕궁 남쪽에 연못을 파고 20여 리나 되는 곳에서 물을 끌어들여서 만들었다고 해요. 또 연못 주변에 버드나무를 심고, 연못의 한가운데에는 중국의 전설에 나오는 삼신산의 하나인 방장선산을 모방한 섬을 만들었다고 해요.

**관람 시간** 개방
**입장료** 없음

### ❹ 능산리고분군

부여 능산리에 있는 백제 시대의 무덤들이에요. 왕릉으로 추정하고 있으며 7기가 있어요. 6세기 중엽~7세기 중엽에 만들어진 것으로 추정하고 있어요. 이 무덤들은 고구려와 중국 남조의 영향을 받고 이를 백제식으로 받아들인 백제 후기 고분미술의 귀중한 자료예요. 모형관이 있어 고분 체험을 할 수 있어요.

**관람 시간** 오전 9시 ~오후 6시
(11 ~ 2월은 오후 5시까지)
**입장료** 어른 1000원, 어린이 400원

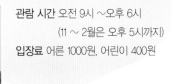

# 백제금동대향로 안내지 만들기

국립부여박물관은 재미있게 둘러보았어요? 어떤 유물이 가장 기억에 남았나요? 백제금동대향로가 가장 기억에 남았다고요? 그런데 같이 오지 못한 친구들이 있어 아쉽지요. 그 친구들을 위해 유물 안내지를 만들어 보아요. 친구들이 국립부여박물관에 견학 올 때 미리 안내지를 읽고 오면 많은 도움이 될 거예요.

**앞면을 정해요**

어느 쪽을 안내지의 앞면으로 할 것인지 정하세요. 대표할 수 있는 내용이 앞으로 오면 좋겠지요.

**제목을 정해요**

유물의 특징이나 소개하기 적당한 낱말을 사용하여 안내지의 제목을 정해 보세요.

아름다운 백제금동대향로

국보 287호로 지정되어 있는 백제금동대향로는 구리로 만들어서 겉면을 금으로 도금했어요. 뚜껑과 몸체, 다리 부분으로 나뉘지요. 높이는 61.8센티미터, 몸통 지름은 19센티미터, 무게는 11.85킬로그램이에요. 우리 나라 향로 중 최고의 향로예요.

### 백제금동대향로 세부 명칭

- 머리
- 뚜껑
- 몸통
- 받침

### 백제금동대향로 자세히 보기

**1. 백제금동대향로는 능산리 절터에서 출토되었어요**

백제금동대향로가 출토된 능산리 절터는 백제 시대 절터예요. 사비 도성의 바깥을 둘러싼 나성과 능산리고분군 사이 계곡 안에 자리하고 있어요. 그 중 제3건물터의 목곽수조 안에서 백제금동대향로가 발견되었어요. 이 절터는 백제가 멸망하면서 폐허가 되었을 거라고 해요.

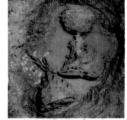

백제금동대향로 출토모습

**2. 백제금동대향로에는 무엇이 새겨져 있을까요?**

뚜껑에는 23개의 산들이 4~5겹으로 둘러싸고 있어요. 악기를 연주하는 5인의 악사와 16인의 인물상과 봉황, 용, 호랑이, 사슴 등 39마리의 동물들도 있지요.

이 밖에 나무, 바위, 산, 시냇물, 폭포, 호수 등도 있어요.

뚜껑 꼭대기에는 따로 봉황이 붙어 있는데 앞 가슴과 악사상 앞뒤에는 5개의 구멍이 뚫려 있어서 그 곳에서 연기가 피어올라요.

몸체는 연꽃처럼 생겼어요. 겉에 불사조와 물고기, 사슴, 학 등 26마리의 동물이 있지요. 받침대는 연꽃 밑부분을 입으로 물고 고개를 하늘로 올린 한 마리의 용으로 되어 있어요.

독창적인 모양이 뛰어나서 백제 시대의 공예와 문화, 종교, 사상, 제조 기술 등을 파악할 수 있답니다.

**유물을 소개해요**

먼저 유물의 전체 모양을 보여 주고 세부의 명칭이 있다면 써 주세요.

**유물의 자세한 정보를 실어 주세요**

유물 소개가 끝나면 자세한 사항을 알려 주세요. 어디에서 출토된 것인지, 유물에 어떤 의미가 담겨 있는지 이 유물은 역사적으로 어떤 가치가 있는지 등을 알려 주세요.

**손으로 쓸까? 컴퓨터로 쓸까?**

어떤 방법이든 좋아요. 자신에게 편리한 대로, 꾸
미기 좋은 방법을 택해서 해 보세요.

**안내지의 크기와 면수를 정해요**

안내지와 크기와 면수는 소개하고 싶은
유물의 숫자에 따라 정하세요.

**유물의 중심 부위를 소개해 보아요**

어떤 유물이든 전체 중에서 중심이 되는 내용이 있
어요. 그 부분에 대해 자세히 설명해 보세요. 유물을
더 깊고 자세하게 이해할 수 있을 거예요.

능산리 절터에서 발견된 금동대향로는 왕실의 의례에 썼던 것으로 추측하고 있답니다. 당시 백제 사람들의 생각이나 종교관 등이 잘 나타나 있지
요. 특히 향로의 뚜껑에는 오악사와 여러 가지 동물들이 있어요. 그리고 악사들 사이사이마다 새가 다섯 마리가 있는데 한 마리의 새가 날아가려는
모습을 차례로 표현한 것 같답니다. 그럼, 뚜껑에 무엇이 새겨져 있는지 자세히 알아보아요.

향로 뚜껑에는 각종 동물들이 많이 있어요. 그런데 눈여겨볼 것이 있어요. 사자나 원숭이 같은 현실 세계의 동물 외에 뿔 달린 새 같은 상상 속의
동물도 있답니다. 이 동물들은 마치 신선의 세계처럼 아름다운 산 속에 자리하고 있어요. 이 산은 상상 속의 산이에요. 그래서 영원히 죽지 않는
신선들도 있답니다. 박물관에 전시된 금동대향로를 자세히 들여다보며 이 모든 것들을 찾아보세요.

**유물 중 꼭 알아야 할 내용**

유물을 볼 때 꼭 알아야 할 내용을 소개해요. 어떤 문양이 새겨져 있
으며 어떤 세계를 나타내고자 했는지 등을 알려 주세요.

**사진을 붙여 꾸며 보세요**

안내지를 만들 때 필요한 사진은 직접 찍거나 박
물관에서 가져온 안내지를 스캔받아 사용해 보
세요.

# 나는 국립부여박물관 박사!

국립부여박물관에서 무엇을 보았나요? 여러 가지 유물들을 관람하느라 정신이 없었다고요? 자, 이제 마음을 가다듬고 우리가 어떤 유물들을 보았는지 문제를 풀면서 정리해 보세요. 하나하나 확인하며 문제를 풀다 보면 백제 역사에 대한 이해가 훨씬 쉬워질 거예요.

## ① 알맞은 것끼리 연결해 보세요.

아래 사진을 보고 유물의 이름을 연결해 보세요.

호자          칠지도          치미          대쪽모양동기

## ② OX 퀴즈를 풀어 보세요.

아래 설명을 잘 읽고 맞는 것에는 O표, 틀린 것에는 X표로 표시하세요.

1) 청동기 시대 송국리 사람들은 주로 삼각형돌칼을 이용해 벼를 수확했어요. (　)

2) 논치제사유적은 산 정상에서 제사를 지내며 토기를 깨는 의례를 치르던 곳이에요. (　)

3) 5부명 기와는 백제의 금석문이에요. (　)

4) 호자는 남자용 요강으로 호랑이의 모습이 해학적으로 표현되어 있어요. (　)

5) 도량형은 길이를 재는 자를 뜻하는 말이에요. (　)

6) 백제금동대향로의 뚜껑 정상에는 용이 장식되어 있어요. (　)

7) 은제 관꾸미개는 남자들만 사용하던 장식품이에요. (　)

8) 치미는 용마루의 양 끝을 장식하는 기와예요. (　)

9) 산경치무늬벽돌은 백제의 여덟무늬벽돌 중 하나예요. (　)

# ③ 설명이 맞는 것끼리 연결해 보세요.

백제금동대향로를 자세히 살펴보았나요? 각 부분에 대한 설명을 잘 읽고 연결해 보세요.

**받침**
하늘을 향해 고개를 든 힘찬 용의 모습이 표현되어 있어요. 향로 꼭 대기의 봉황과 조화를 이루고 있어요.

**봉황**
날개를 활짝 편 봉황이 입에 여의주를 물고 있어요. 향로에 향을 피우면 연기가 봉황 가슴에 있는 두 개의 구멍으로 나와요.

**뚜껑**
74개의 봉우리와 오악사, 동물, 바위, 나무 등이 새겨져 있어요.

**몸통**
불교에서 극락세계를 상징하는 연꽃이 새겨져 있어요. 연꽃잎에는 물고기, 새, 사람 등이 새겨져 있지요.

정답은 56쪽에

# 정답

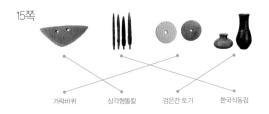

### 여기서 잠깐!

**15쪽**

가락바퀴　삼각형돌칼　검은간 토기　한국식동검

**20쪽** 서로 다른 답이 나올 수 있어요.
　　　예 비상

**41쪽** ①장인, ②공방, ③일본

**46쪽** **성주사 비석 받침** : 거북 모양의
돌비석 받침돌이에요. 머리와
몸의 일부가 없어졌으나 다리와
거북등 모양이 매우 정교하게
조각되어 있어요.

**백제 석조** : 'ㄱ'자형 받침 위에
둥근 꽃봉오리 형태의 석조가
올려져 있어요. 글을 새겨 넣었
던 흔적이 있어요.

**성주사 비석 머리** : 이무기를 새
긴 비석의 머릿돌로 이수라고
해요. 성주사 터에서 발견되었으
며 통일신라 시대에 만들어진
것으로 조각이 섬세해요.

## 나는 국립부여박물관 박사!

### ❶ 알맞은 것끼리 연결해 보세요.
아래 사진을 보고 유물의 이름을 연결해 보세요.

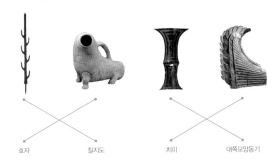

호자　　칠지도　　치미　　대쪽모양동기

### ❷ OX 퀴즈를 풀어 보세요.
아래 설명을 잘 읽고 맞는 것에는 O표, 틀린 것에는 X표로 표시하세요.

1) 청동기 시대 송국리 사람들은 주로 삼각형돌칼을 이용해 벼를 수확했어
요. ( O )

2) 논치제사유적은 산 정상에서 제사를 지내며 토기를 깨는 의례를 치르
던 곳이에요. ( O )

3) 5부명 기와는 백제의 금석문이에요. ( O )

4) 호자는 남자용 요강으로 호랑이의 모습이 해학적으로 표현되어 있어요.
( O )

5) 도량형은 길이를 재는 자를 뜻하는 말이에요. ( X )

6) 백제금동대향로의 뚜껑 정상에는 용이 장식되어 있어요. ( X )

7) 은제 관꾸미개는 남자들만 사용하던 장식품이에요. ( X )

8) 치미는 용마루의 양 끝을 장식하는 기와예요. ( O )

9) 산경치무늬벽돌은 백제의 여덟무늬벽돌 중 하나예요. ( X )

### ❸ 설명이 맞는 것끼리 연결해 보세요.
백제금동대향로를 자세히 살펴보았나요? 각 부분에 대한 설명을 잘 읽고 연결해 보세요.

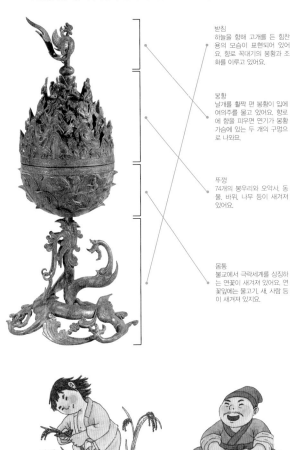

**받침**
하늘을 향해 고개를 든 힘찬
용의 모습이 표현되어 있어
요. 향로 꼭대기의 봉황과 조
화를 이루고 있어요.

**봉황**
날개를 활짝 편 봉황이 입에
여의주를 물고 있어요. 향로
에 향을 피우면 연기가 봉황
가슴에 있는 두 개의 구멍으
로 나와요.

**뚜껑**
74개의 봉우리와 오악사, 동
물, 바위, 나무 등이 새겨져
있어요.

**몸통**
불교에서 극락세계를 상징하
는 연꽃이 새겨져 있어요. 연
꽃잎에는 물고기, 새, 사람 등
이 새겨져 있지요.

## 사진 출처

**국립부여박물관** p6(삼각형돌칼, 네모 집터, 둥근 집터), p7(대쪽모양 동기, 청동투겁창과 청동꺽창, 논치제사 유적터), p8(둥근 집터, 네모 집터), p9(돌널무덤, 독널, 독널 아랫 부분에 뚫려 있는 구멍), p10(부여 합송리 유적, 한국식동검과 요령식동검, 대쪽모양동기), p11(나팔모양동기, 청동투겁창과 청동 꺽창, 잔무늬거울과 거친무늬거울), p12(돌칼, 탄화미, 돌살촉), p13(돌검, 홈자귀와 돌낫, 가락바퀴), p14(송국리형 토기, 검은간 토기), p15(삼각형 돌칼, 한국식동검, 가락바퀴, 검은간 토기, 민무늬 토기), p17(논치제사 유적터, 논치제사유적 토기류, 논치제사유적 철기류), p18(등잔), p18~19(백제금동대향로 뚜껑을 360도로 돌려가며 촬영한 모습), p19(일근명 거푸집, 벼루, 기대), p20(사택지적비), p21(목간, 백제창왕명석조사리감, 벼루, 5부명 기와), p22(등잔, 기대, 뼈단지), p23(회색 토기, 세발 토기), p26(호자, 변기), p27(일근명 거푸집, 자, 돌주), p29(백제금동대향로), p30~31(백제금동대향로 뚜껑을 360도로 돌려가며 촬영한 모습), p32(서까래 기와, 연꽃무늬 수막새, 산수봉황무늬 벽돌), p33(개원통보, 청동탑, 치미, 산수무늬 벽돌), p36(금동여래좌상, 금동관세음보살입상), p37(금동보살입상, 청동탑), p38(흑갈유자기, 중국 청자 파편, 개원통보), p39(귀때단지, 자라병, 칠지도), p40(은제 관꾸미개를 단 백제인 모형, 뒤꽂이와 은제 관꾸미개), p42(치미, 기와), p43(연꽃무늬 수막새, 서까래기와, 추녀마루장식기와), p44(연꽃무늬 벽돌, 산풍경도깨비무늬 벽돌, 봉황무늬 벽돌, 용무늬 벽돌, 연꽃구름무늬 벽돌, 연꽃도깨비무늬 벽돌, 산수무늬 벽돌, 산수봉황무늬 벽돌), p45(부여 정암리 가마터), p46(부여 석조, 성주사 비머리, 성주사 비석 받침), p47(부도, 박물관석조여래입상, 부여 동사리석탑)

**주니어김영사** p36(서산마애삼존불상), p51(궁남지)

**최혜영** p3(국립부여박물관 전경)

**사계절출판사** p37(정림사지오층석탑), p50(정림사터와 오층석탑)

# 초등학교 교과서와 관련된 학년별 현장 체험학습 추천 장소

| 1학년 1학기 (21곳) | 1학년 2학기 (18곳) | 2학년 1학기 (21곳) | 2학년 2학기 (25곳) | 3학년 1학기 (31곳) | 3학년 2학기 (37곳) |
|---|---|---|---|---|---|
| 철도박물관 | 농촌 체험 | 소방서와 경찰서 | 소방서와 경찰서 | 경희대자연사박물관 | IT월드(과천정보나라) |
| 소방서와 경찰서 | 광릉 | 서울대공원 동물원 | 서울대공원 동물원 | 광릉수목원 | 강원도 |
| 시민안전체험관 | 홍릉 산림과학관 | 농촌 체험 | 강릉단오제 | 국립민속박물관 | 경희대자연사박물관 |
| 천마산 | 소방서와 경찰서 | 천마산 | 천마산 | 국립서울과학관 | 광릉수목원 |
| 서울대공원 동물원 | 월드컵공원 | 남산골 한옥마을 | 월드컵공원 | 국립중앙박물관 | 국립경주박물관 |
| 농촌 체험 | 시민안전체험관 | 한국민속촌 | 남산골 한옥마을 | 기상청 | 국립고궁박물관 |
| 코엑스 아쿠아리움 | 서울대공원 동물원 | 국립서울과학관 | 한국민속촌 | 서대문자연사박물관 | 국립국악박물관 |
| 선유도공원 | 우포늪 | 서울숲 | 농촌 체험 | 선유도공원 | 국립부여박물관 |
| 양재천 | 철새 | 갯벌 | 서울숲 | 시장 체험 | 국립서울과학관 |
| 한강 | 코엑스 아쿠아리움 | 양재천 | 양재천 | 신문박물관 | 남산 |
| 에버랜드 | 짚풀생활사박물관 | 동굴 | 선유도공원 | 경상북도 | 남산골 한옥마을 |
| 서울숲 | 국악박물관 | 고성 공룡박물관 | 불국사와 석굴암 | 양재천 | 롯데월드 민속박물관 |
| 갯벌 | 천문대 | 코엑스 아쿠아리움 | 국립중앙박물관 | 경기도 | 국립민속박물관 |
| 고성 공룡박물관 | 자연생태박물관 | 옹기민속박물관 | 국립민속박물관 | 이화여대자연사박물관 | 삼성어린이박물관 |
| 서대문자연사박물관 | 세종문화회관 | 기상청 | 전쟁기념관 | 선생기념관 | 서대문자연사박물관 |
| 옹기민속박물관 | 예술의 전당 | 시장 체험 | 판소리 | 천마산 | 선유도공원 |
| 어린이 교통공원 | 어린이대공원 | 에버랜드 | DMZ | 한강 | 소방서와 경찰서 |
| 어린이 도서관 | 서울놀이마당 | 경복궁 | 시장 체험 | 화폐금융박물관 | 시민안전체험관 |
| 서울대공원 | | 강릉단오제 | 광릉 | 호림박물관 | 경상북도 |
| 남산자연공원 | | 몽촌역사관 | 홍릉 산림과학관 | 홍릉 산림과학관 | 월드컵공원 |
| 삼성어린이박물관 | | 국립현대미술관 | 국립현충원 | 우포늪 | 육군사관학교 |
| | | | 국립4·19묘지 | 소나무 극장 | 해군사관학교 |
| | | | 지구촌민속박물관 | 예지원 | 공군사관학교 |
| | | | 우정박물관 | 자운서원 | 철도박물관 |
| | | | 한국통신박물관 | 서울타워 | 이화여대자연사박물관 |
| | | | | 국립중앙과학관 | 제주도 |
| | | | | 엑스포과학공원 | 천마산 |
| | | | | 올림픽공원 | 천문대 |
| | | | | 전라남도 | 태백석탄박물관 |
| | | | | 경상남도 | 판소리박물관 |
| | | | | 허준박물관 | 한국민속촌 |
| | | | | | 임진각 |
| | | | | | 오두산 통일전망대 |
| | | | | | 한국천문연구원 |
| | | | | | 종이미술박물관 |
| | | | | | 짚풀생활사박물관 |
| | | | | | 토탈야외미술관 |

| 4학년 1학기 (34곳) | 4학년 2학기 (56곳) | 5학년 1학기 (35곳) | 5학년 2학기 (51곳) | 6학년 1학기 (36곳) | 6학년 2학기 (39곳) |
|---|---|---|---|---|---|
| 강화도 | IT월드(과천정보나라) | 갯벌 | IT월드(과천정보나라) | 경기도박물관 | IT월드(과천정보나라) |
| 갯벌 | 강화도 | 광릉수목원 | 강원도 | 경복궁 | KBS 방송국 |
| 경희대자연사박물관 | 경기도박물관 | 국립민속박물관 | 경기도박물관 | 덕수궁과 정동 | 경기도박물관 |
| 광릉수목원 | 경복궁 / 경상북도 | 국립중앙박물관 | 경복궁 | 경상북도 | 경복궁 |
| 국립서울과학관 | 경주역사유적지구 | 기상청 | 덕수궁과 정동 | 고성 공룡박물관 | 경희대자연사박물관 |
| 기상청 | 경희대자연사박물관 | 남산골 한옥마을 | 경상북도 | 국립민속박물관 | 광릉수목원 |
| 농촌 체험 | 고창, 화순, 강화 고인돌유적 | 농업박물관 | 경희대자연사박물관 | 국립서울과학관 | 국립민속박물관 |
| 서대문자연사박물관 | 전라북도 | 농촌 체험 | 고인쇄박물관 | 국립중앙박물관 | 국립중앙박물관 |
| 서대문형무소역사관 | 고성 공룡박물관 | 서울국립과학관 | 충청도 | 농업박물관 | 국회의사당 |
| 서울역사박물관 | 충청도 | 서울대공원 동물원 | 광릉수목원 | 롯데월드 민속박물관 | 기상청 |
| 소방서와 경찰서 | 국립경주박물관 | 서울숲 | 국립공주박물관 | 몽촌토성과 풍납토성 | 남산 |
| 수원화성 | 국립민속박물관 | 서울시청 | 국립경주박물관 | 민주화현장 | 남산골 한옥마을 |
| 시장 체험 | 국립부여박물관 | 서울역사박물관 | 국립고궁박물관 | 백범기념관 | 대법원 |
| 경상북도 | 국립서울과학관 | 시민안전체험관 | 국립민속박물관 | 서대문자연사박물관 | 대학로 |
| 양재천 | 국립중앙박물관 | 경상북도 | 국립서울과학관 | 서대문형무소 역사관 | 민주화 현장 |
| 옹기민속박물관 | 국립국악박물관 / 남산 | 양재천 | 국립중앙박물관 | 서울역사박물관 | 백범기념관 |
| 월드컵공원 | 남산골 한옥마을 | 강원도 | 남산골 한옥마을 | 조선의 왕릉 | 아인스월드 |
| 철도박물관 | 농업박물관 / 대법원 | 월드컵공원 | 농업박물관 | 성균관 | 서대문자연사박물관 |
| 이화여대자연사박물관 | 대학로 | 유명산 | 롯데월드 민속박물관 | 시민안전체험관 | 국립서울과학관 |
| 천마산 | 롯데월드 민속박물관 | 제주도 | 충청도 | 경상북도 | 서울숲 |
| 천문대 | 몽촌토성과 풍납토성 | 짚풀생활사박물관 | 서대문자연사박물관 | 암사동 선사주거지 | 신문박물관 |
| 철새 | 불국사와 석굴암 | 천마산 | 성균관 | 운현궁과 인사동 | 양재천 |
| 홍릉 산림과학관 | 서대문자연사박물관 | 한강 | 세종대왕기념관 | 전쟁기념관 | 월드컵공원 |
| 화폐금융박물관 | 서울대공원 동물원 | 한국민속촌 | 수원화성 | 천문대 | 육군사관학교 |
| 선유도공원 | 서울숲 | 호림박물관 | 시민안전체험관 | 철새 | 이화여대자연사박물관 |
| 독립공원 | 서울역사박물관 | 홍릉 산림과학관 | 시장 체험 / 신문박물관 | 청계천 | 중남미박물관 |
| 탑골공원 | 조선의 왕릉 | 하회마을 | 경기도 | 짚풀생활사박물관 | 짚풀생활사박물관 |
| 신문박물관 | 세종대왕기념관 | 대법원 | 강원도 | 태백석탄박물관 | 창덕궁 |
| 서울시의회 | 수원화성 | 김치박물관 | 경상북도 | 해인사 고려대장경과 장경판전 | 천문대 |
| 선거관리위원회 | 승정원 일기 / 양재천 | 난지하수처리사업소 | 옹기민속박물관 | 호림박물관 | 우포늪 |
| 소양댐 | 옹기민속박물관 | 농촌, 어촌, 산촌 마을 | 운현궁과 인사동 | 유니세프 한국위원회 | 판소리박물관 |
| 서남하수처리사업소 | 월드컵공원 | 들꽃수목원 | 육군사관학교 | 무령왕릉 | 한강 |
| 중랑구재활용센터 | 육군사관학교 | 정보나라 | 이화여대자연사박물관 | 현충사 | 홍릉 산림과학관 |
| 중랑하수처리사업소 | 철도박물관 | 드림랜드 | 전라북도 | 덕포진교육박물관 | 화폐금융박물관 |
| | 이화여대자연사박물관 | 국립극장 | 전쟁박물관 | 서울대학교 의학박물관 | 훈민정음 |
| | 조선왕조실록 / 종묘 | | 창경궁 / 천마산 | 상수허브랜드 | 상수도연구소 |
| | 종묘제례 | | 천문대 | | 한국자원공사 |
| | 창경궁 / 창덕궁 | | 태백석탄박물관 | | 동대문소방서 |
| | 천문대 / 청계천 | | 한강 | | 중앙119구조대 |
| | 태백석탄박물관 | | 한국민속촌 | | |
| | 판소리 / 한강 | | 해인사 고려대장경과 장경판전 | | |
| | 한국민속촌 | | 화폐금융박물관 | | |
| | 해인사 고려대장경과 장경판전 | | 중남미문화원 | | |
| | 호림박물관 | | 첨성대 | | |
| | 화폐금융박물관 | | 절두산순교지 | | |
| | 훈민정음 | | 천도교 중앙대교당 | | |
| | 온양민속박물관 | | 한국에너지기술연구원 | | |
| | 아인스월드 | | 한국자수박물관 | | |
| | | | 초전섬유퀼트박물관 | | |